돈오(頓悟)의 길

직지심경 上

과거7불과 28조사편

백운경한 초록

덕산 역해

비움과소통

『직지심경』은 고려시대 고승인 백운 경한(1299~1374) 화상이 펴낸 책으로 깨달음에 대한 禪의 지침서라고 할 수 있습니다. 내용면에서도 고려 선종사에서 귀중한 문헌이지만 세계 최고의 금속활자본으로서 온 대한민국 국민이라면 누구나 자랑으로 여기는 성보 문화재이기도 합니다.

『직지심경』을 줄여서 부르는『직지』는 1372년(공민왕 21)에 저술되었습니다. 1377년 청주목의 흥덕사에서 금속활자로 인쇄되었는데, 2001년 유네스코 세계기록유산으로 등재되었습니다. 1972년 프랑스 파리에서 열린 세계도서의 해 기념전시회에 출품되어 세계 최고의 금속활자본으로 공인받기도 했습니다. 사찰 나름의 재래방법으로 활자를 만들어 인쇄한 것으로, 목활자가 섞이고 크기와 모양이 고르지 않으나 그 역사적 의미는 매우 크다고 합니다. 『직지』하권은 프랑스 국립도서관에 보관이 되어 있고 상권을 찾기 위해서 애쓰고 있으나 아직 찾지 못하고 있습니다. 하루 속히 상권을 찾기를 간절히 기원합니다.

『직지』의 본 이름은 『백운화상 초록 불조직지심체요절』입니다. 우리가 간략하게 『직지』라고 부르는 것입니다. '직지'는 본래 '직지인심 견성성불'을 뜻하는데, 사람의 마음을 바로 보고 본래 마음자리를 깨닫게 되는 것을 견성성불이라고 합니다.

『직지』의 편저자인 백운화상은 휘가 경한이고 호는 백운입니다. 전라도 고부 사람이고 동진 출가를 하시고 일찍 승과에 합격한 분이십니다. 한학 공부도 많이 하신 백운 화상은 당시 67세의 고령에도 불구하고 중국 절강에 들어가 평생 수행하신 것을 인가 받기 위해서 임제종 18대 손인 원나라 석옥청공 선사를 찾아갔습니다. 백운화상이 석옥 선사로부터 선문답을 통해 인가를 받고『불조직지심체요절』이라는 책을 받아 국내에 들어와 제자들의 참선 교재로 사용했던 것을, 그 후 흥덕사지에서 제자들이 금속 활자로 다시 제작을 한 것입니다.

『불조직지심체요절』에는 백운화상께서 편집한『선문염송』,『치문경훈』의 내용과 과거 7불의 게송, 석가모니 부처님으로부터 법을 받으신 인도의 가섭 존자로부터 28조 달마스님까지의 게송이 들어있고, 중국 110분 선사들의 선의 요체 등 여러 고승들의 법거량과 선문답, 일화가 상?하 두 권으로 나누어져 있습니다.

본 강의로 들어가기 전에 여러분들이 경전을 공부하는데 도움이 되도록 ‘체’ 와 ‘용’ 을 설명드리도록 하겠습니다.

‘체’ 라는 말은 우주의 근본 실상을 말하는 것입니다. 수행자가 수행을 통해서 본래 마음을 깨닫는 것을 말합니다. 우주의 근본 실상은 물질이 아니기 때문에 이름을 붙일 수가 없어 부득이 ‘마음’ 이라고 부른 것입니다. 그러나 본래는 모양이 없으니 어떤 이름도 붙일 수가 없습니다. 그래서 문자와 언어를 떠난 자리를 바로 '체'라고 이야기하는 것입니다.

'용'이라는 것은 체에서 작용을 통해서 나타나는 현상세계, 물질의 세계를 말하는 겁니다. 본래 실상은 모양이 없어서 어떤 이름도 붙일 수가 없는 자리이니, 모양이 없는 자리에서 인연 따라 나타나는 현상계는 우리 눈에 모양이 있는 것으로 보이지만 역시 모양이 아닙니다. 허깨비나 꿈속에서 나타나는 허망한 모양과 같아서 공하다는 것입니다.

『반야심경』에서 '색'과 '공'이 둘이 아닌 하나라고 했듯이 '체'와 '용'도 분명 하나이고 둘이 아닙니다. 유위법은 물질로 된 세계뿐만이 아니라 우리가 마음속으로 좋다 나쁘다 하는 생각들도 모두 유위법이라고 할 수가 있습니다. 예를 들면 시간적으로 볼 때 원자 자체도 1초에 99억 번을 진동하고 있기 때문에 시간성, 공간성이 없습니다. 그러나 물질이 본질적으로 입자가 아니라 에너지, 즉 파동이라는 현대 물리학의 입장과도 상통합니다.

다시 말해 '체'는 문자와 언어로 표현할 수 없는 자리를 말하는 것이고 '체'에서 작용을 통해 인연따라 나타나는 '용'의 현상계 역시 모양이 아니라는 이 도리를 아셔야 됩니다. '체' '용'을 바로 아셔야지 『직지』의 내용을 이해할 수가 있습니다.

이 책은 2006년, 2009년에 충북 청주 시민들과 불자들을 대상으로 한 『직지심경』 강의 중에서 핵심적인 내용을 정리해서 불자들의 실제적인 수행에 도움이 되도록 엮었습니다. 이번에 출간하는 직지심경 강의록 1권은 『직지심경』 상·하권 가운데 상권의 과거 7불과 인도의 조사 27분의 깨달음의 노래와 선문답을 모아 해설한 책입니다. 나머지 부분도 동시에 발간이 될 예정입니다.

이 책은 여러분들의 정성스런 노고가 있었기에 나올 수 있었습니다. 혜은사 신도님들과 비움과소통 김성우 사장님 이하 직원분들께 깊이 감사드립니다. 많은 국민이 『직지』의 이름만 알고 내용을 잘 모르는 상황에서, 이번 강의록이 국민의 심성을 정화하고 맑고 밝고 아름다운 사회를 건설하는 밑거름이 되길 발원합니다.

불기 2558년(2014) 14일, 동안거 해제일에
청원 혜은사에서 덕산 합장

과거의 일곱 부처님

1. 비바시 부처님

과거 장엄겁(莊嚴劫)의 비바시(毘婆尸) 부처님께서 게송으로 말씀하셨다.

몸은 무상(無相)에서 생겨나니

마술[幻]이 온갖 환상을 만들어내지만

마술로 만들어진 사람에게 마음이란 본래 없는 것처럼

죄와 복은 모두 공하며 머물 곳이 없네.

毗婆尸佛過去莊嚴劫佛偈曰 身從無相中受生 猶如幻出諸形相 幻人心識本來無 罪福皆空無所住

✿ 해설

과거칠불 가운데 한 분인 비바시 부처님께서 전법게, 즉 법을 전하는 게송으로 말씀하신 법문입니다. 과거칠불이란 석가모니 부처님과 그 이전에 세상에 출현하였다고 하는 여섯 분의 부처님을 말합니다. 즉 비바시불, 시기불, 비사부불, 구류손불, 구나함모니불, 가섭불, 석가모니불을 가리킵니다.

비바시(毘婆尸), 시기(尸棄), 비사부(毘舍浮) 부처님은 과거의 3불(佛)이고, 구류손(拘留孫), 구나함모니(拘那含牟尼), 가섭(迦葉), 석가모니(釋迦牟尼)는 현재의 4불(佛)이다.

불교에서는 누구든지 깨달음을 얻어서 부처님이 될 수 있기 때문에, 석가모니 부처님 이전에도 깨달은 분이 있었을 가능성이 있습니다. 그러나 역사에 기록된 부처님은 오직 석가모니 한 분이며, 나머지 여섯 분의 부처님은 과거불 사상이 전개됨에 따라 나타난 것으로 보입니다. 과거불 사상은 부처님의 본생담 및 미래불 사상과 밀접하게 연관되어 있으며, 대승불교에서 전개된 불타관의 원천이 되었다고 합니다.

본문에서 '겁'이란 숫자로 나타낼 수 없는 무량한 시간을 말합니다. 예를 들면, 미륵 부처님께서 석가모니 부처님 열반 뒤 56억 7천만년 후에 사바세계에 오신다고 한 것처럼 불교에서는 무한한 시간을 상징적으로 표현하고 있습니다. '장엄겁'이라는 것은 20중감겁 가운데 과거에 속하는 겁으로, 우리가 상상할 수도 없는 시간을 말합니다. 그러나 여러분 본래 마음자리는 장엄겁 전이나 후에도 항상 그 자리였던 것입니다. 이때 부처님께서 어떤 말씀을 하셨나 내용을 보도록 하겠습니다.

몸은 형상이 없는데서 생겨나니

물질은 본래 모양이 없는 실상인 '체'에서 인연 따라 나타나는 것입니다. 본래 모양이 없는 것이기 때문에 없는 곳에서 인연에 의해서 나타나는 현상계도 역시 참된 모양이 아닌, 환상이란 것입니다. 그래서 몸은 형상이 없는 것에서 생겨난다고 말하는 것입니다. 육신도 시간적으로 볼 때 1초에 99억 번을 진동하고 있다면 고정불변한 실제가 아니라는 말입니다.

환술이 온갖 형상을 만들어낸 것과 같네

마음이 실상을 바로 보지 못하는 가운데 '있다', '없다'고 하는 분별심에 의해서 나타나는 것이 우리가 경험하는 세계라는 말입니다. 온갖 형상들이 있는 것처럼 보이지만 실상이 아닌 허깨비여서 환술이라고 이야기하는 것입니다. 사실이 아니라는 말이지요. 마술사가 우리 눈을 속여 마술로 온갖 것을 만들어 내잖아요? 부처님 경지에 들어간다는 것은 문자와 언어를 초월한 자리, 무엇으로도 표현할 수 없는 둘이 아닌 하나의 경지에 들어가는 것이기에 번뇌가 들어갈 수 없습니다. 그런데 이론적으로는 이해가 되지만 우리는 사실이 아닌 것을 알면서도 끄달려가잖아요. 바로 익혀온 습 때문에 그런 것입니다. 육신뿐만 아니라 번뇌와 망상에 의해서 나타나는 현상계는 사실이 아닌 환상입니다. 만약 우리가 경험하는 세계가 진실이 아님을 안다면 괴로움에서 벗어날 수 있지만 사실이 아닌 것을 사실인양 집착하고 사는 세계여서 고통의 세계 즉 사바세계라고 말을 합니다. 이 사바세계, 현실세계라는 것은 어쩔 수 없이 견뎌야되고 참아야된다고 해서 감인세계라고도 합니다. 사실 알고 보면 참을 것도 없는 것인데, 우리가 진실을 모르면 어쩔 수 없이 견디고 참을 수밖에 없다는 말입니다.

환술로 만들어진 사람에게는 마음이 본래 없으니

이 내용은 '체'의 자리에서 말을 하고 있는 겁니다. 환술로 나타나는 현상계의 근원은 모양을 떠난 자리라, 이름을 붙일 수 없다고 했습니다. 그러나 중생을 제도하는 차원에서 마음이라고 이름을 붙여놓은 것이고, 인격적으로 부처님이라고 이름을 붙여놓은 것입니다.

'몸은 형상이 없는 데에서 생겨나니 환술이 온갖 형상을 만들어 놓은 것 같네' 이 부분은 '용'차원에서 말을 하는 것이고, '환술로 만들어진 사람에게는 마음이 본래 없으니' 이 부분은 '체'차원에서 말을 하는 겁니다. 이와 같이 '체'와 '용'을 하나로 보면 부처님 실상의 세계를 이해할 수가 있을 것입니다.

죄와 복은 모두 공하여 머물 곳이 없네

죄라는 것과 복이라는 것도 사실 우리의 생각에서 개념으로 만들어 놓은 것입니다. 우리가 사는 현실 세계는 하루라도 남을 속이고 나를 속이지 않으면 살 수가 없습니다.

사실 남을 속여서 상대는 모른다고 하지만, 자기 자신은 알고 있겠지요? 자기 자신은 바로 부처이기 때문에 '본래 부처' 자리는 속일 수가 없습니다. 내가 행한 것은 남은 모르지만 나는 알고 있기 때문입니다.

'체'의 자리에서 보면 현상계에서 내가 행한 것은 사실이 아닌데 이렇게 저렇게 분별해 놓은 것입니다. 다시 말씀드리면, 우리가 육안으로 보는 세계는 사실이 아닌 환상이라고 그랬잖아요. 사실이 아닌 것을 육안으로 보고 생각으로 분별을 일으켜 좋다 나쁘다 하며 애증을 일으킵니다. 사실이 아닌 것을 가지고 알음알이로 만들어 놓은 것입니다. 이것은 인과가 성립이 됩니다.

『금강경』에 '응무소주 이생기심'이라는 말이 나옵니다. '응당 머무르는 바 없이 그 마음을 써라' 즉, 집착하지 말고 살라는 말씀입니다. 그러나 우리는 속고 있고 속임을 당할 수 밖에 없습니다. 눈으로 보고 귀로 듣는 것이 사실이 아님에도 속는 것입니다. 본래 '체'의 자리에서는 '죄'와 '복'이라는 것은 존재하지 않습니다. 다만 우리가 이것을 하면 죄가 되고 복이 된다는 생각이 인과를 만들어 놓은 것입니다. 본래는 없는 것입니다. 내가 보고 행한 것은 진실이 아닌 것을 생각으로 만들어 놓은 것이라 속고 있는 것이라 할 수 있습니다. 그래서 사람들은 윤회를 벗어나지 못하는 것입니다.

지금 우리가 살아가는 현실도 과거 생에 뿌려놓은 씨앗이 자라나서 다시 돌아오고 있는 것입니다. 우주의 근본 실상에서 보면 사실이 아닌데 '있다'라는 생각이 스스로 인과를 만들어 놓은 것입니다. 여기서 죄와 복이 공하다는 것은 '체'에서 보면 없다는 것입니다.

본래는 하나의 마음이기 때문에 오고 감이 없습니다. 모양이 있는 것은 오고 감이 있지만, 모양이 없는 자리에서는 오고 감이 모두 끊어져 인과가 없는 것입니다. 바로 죄와 복도 '체'의 자리에서는 없지만, 경계에 끄달려가는 중생의 입장 즉 '용'의 차원에서는 다시 죄라는 생각과 복이라는 생각을 만들게 됩니다.

비바시 부처님은 깨침의 진리인 실상, 둘이 아닌 '체'의 세계를 깨달은 자리에서 말씀을 하고 계십니다. 우리도 이 경계까지 들어가야 하지 않을까요? 이 자리는 절대 이론으로 들어갈 수 있는 것이 아니고 오직 정진을 통해서만 경계에 들어갈 수가 있음을 명심하셔야 합니다.

2. 시기 부처님

과거 장엄겁의 시기(尸棄) 부처님께서 게송으로 말씀하셨다.

착한 법 일으키는 것도 본래 마술[幻]이요,

온갖 악업 짓는 일 또한 마술이네.

몸은 거품과 같고, 마음은 바람과도 같으니

마술로 생긴 것에는 근본도 실상도 없네.

[마술[幻]로 일으키는 것은 근본이 없으니 이것이 곧 실상이며, 허망이 곧 진실인

줄 아는 것을 말하는 것과 같다.]

尸棄佛同前劫偈曰 起諸善法本是幻 造諸惡業亦是幻 身如聚沫心如風 幻出無根

無實相[如云 幻起無根 卽實相是 了妄卽眞]

🍀 해설

    시기 부처님은 비바시 부처님 다음 과거 장엄겁에, 사람의 수명이 7
만세가 될 때 세상에 나오신 부처님이십니다. 시기 부처님은 모든 착
한 법 일으키는 것도 본래는 사실이 아니라고 말씀하십니다. 본래 '체'
의 자리에서는 착하다는 생각뿐만 아니라 어떤 생각을 일으켜도 번뇌
라고 했습니다. 왜냐하면 진리실상의 세계는 모양이 없는 자리이니까
입을 떼면 그르칩니다.

    여러분께 연필을 들어 보이며 "일러보시오!"라고 하면 무엇을 묻는
것입니까? 바로 연필의 본래자리를 일러보라고 하는 것입니다. '체' 의
입장에서 묻고 있는 겁니다.

    그런데 여러분이 연필의 본래자리에서 입을 떼도 답이 아니고, 입을
떼지 않아도 틀렸다는말입니다. 연필은 본래 어디서 나온 것입니까?
바로 마음에서 나왔다고 이야기를 합니다. 그런데, 마음은 있긴 있지
만 모양은 없죠? 모양이 없기 때문에, 그 자리에 대해서 어떤 이름도
붙일 수가 없다고 했습니다. 그러므로 있다고 해도 답이 아니고, 모양
이 없다고 해서 없다고 부정할 수도 없다는 말입니다. 있기는 있는데
모양이 없을 뿐입니다.

우리가 듣는 것도 귀가 듣는 것이 아니라 마음이 귀를 통해서 듣고 있는 것입니다. 마음이 빠져 나가면 귀가 있어도 들을 수가 없습니다. 마음이 분명 보고 듣는 것인데, 마음이 있다고 하면 모양이 있어야 있다고 하는 것이고, 없다면 아주 없어야 되는데 있기는 있거든요. 이 자리를 우리가 중도 또는 실상이라고 말을 하는 것입니다.

선사스님들께서 주장자를 내리치며 "일러라!" 하시면서 "입을 떼도 30방이고 입을 떼지 않아도 30방을 내리칠 것이다" 하는 말들이 본래 실상을 일러보라는 말씀입니다. 입을 떼면 답이 아니라는 말이지만, 입을 떼지 않아도 답을 하지 못한 것입니다. 이럴 때 어떻게 해야 될까요? 이때 손가락을 내보이시면 본래 '체'와 '손가락'은 하나라는 뜻을 드러내는 것입니다. 그 자리와 하나이기 때문에 답이 되는 겁니다. 우주의 근본 실상에 대해선 말로 설명하면 답이 아닙니다.

만공 스님이 젊은 시절에 견성을 했다고 소문이 났어요. 그래서 스승인 경허 스님께서 만공 스님을 찾아가서 대나무로 엮은 토시를 보이며 "네가 견성했다고 하는데 일러보아라!"하셨어요.

그래서 만공 스님께서 "토시라고 해도 맞고 토시가 아니라고 해도 맞지 않습니다." 그러자 경허 스님께서 "아직 멀었다. 더 정진하거라" 이렇게 점검하셨습니다.

왜냐하면 경허 스님의 질문은 토시의 본래자리를 일러보라고 한 것이거든요. 이처럼 본래 실상인 '체'의 자리에서는 어떤 이름도 붙을 수가 없습니다. 다만 선문답에 있어서는 답을 해야 되니까, 주먹을 내보인다든가 손가락을 내보이면 답이 되는 겁니다.

달마 스님께서 혜가 스님에게 법을 전하는 내용이 나옵니다. 제자들에게 "너희들이 그동안 공부한 것을 일러보아라" 했을 때 다른 제자들이 여러 가지 답을 했지만, 인가를 하지 않다가 마지막엔 혜가 스님께선 절을 삼배만 하고 나갑니다. 그러자 달마 스님께서 "혜가는 나의 골수를 얻었다 인정을 해주었습니다.

그와 같이, 본래 실상자리에서는 어떤 표현도 할 수 없는 자리이니까, 거기서 나온 현상계도 역시 사실이 아님을 아서야 합니다.

모든 착한 법 일으키는 것도 본래 환술이요
온갖 악업 짓는 것 또한 환술이네

착하다는 생각, 악업을 짓는다는 생각도 모두 내가 만들어 놓은 것입니다, 악하다는 생각도 본래는 대상이 없는 것이니 사실이 아닌 환상이라는 말씀입니다. 옳으니 그르니, 잘 생겼니 못생겼니, 사랑하느니 미워하느니 하는 온갖 분별심이 본래자리에서 일으킨 허무한 '한 생각'에 불과 하다는 것입니다.

몸은 물거품과 같고 마음은 바람과 같으니

인간세계에서 백년을 산다면 오래 산다고 하지만, 천상세계인 도리천에서 보면 우리의 삶이라는 것은 하루살이에 불과합니다. 우리의 삶, 물질이라는 것은 시간적으로 볼 때 1초에 99억 번 진동하고 있기 때문에 굉장히 빠른 속도로 변하고 있습니다. 1초 전과 1초 후가 같지 않습니다. 진동을 하고 있지만 우리가 느끼지 못할 뿐입니다. 그러나 우리가 고요한 경지에 들어가면 느낄 수는 있습니다.

청화 스님께서 젊은 시절 정진 하실 때 장좌불와를 47년간 하셨다고 하는데, 어느 때는 천상의 음악이 들렸답니다. 깊은 고요 속에 들어가면 우리가 느끼지 못하는 세계까지도 느낀다는 이야기입니다. 깊이깊이 들어가 시간과 공간을 초월하게 되면 하늘과 땅이라는 것도 공간성이 없는 거예요. 그 경지까지 들어가면 천상의 음악까지도 들을 수가 있답니다. 우리도 그런 능력을 모두 가지고 있지만, 계발해서 쓸 수 없을 뿐입니다.

우리가 수행을 한다는 것은 시간과 공간을 초월한 진여의 자리로 돌아가지는 이야기입니다. 물질로 된 모든 것은 물거품과 같이 일어났다 금방 꺼지잖아요. 우리가 쓰는 생각이라는 것은 시시각각 변합니다. 그러나 본래 '체'에서는 오고 감이 없는 자리이니까, 천년 전이나 천년 후나 본래의 마음자리는 항상 그대로라는 말입니다.

환술로 생겨난 것은 근본도 실상도 없네

환술로 나타나는 현상세계는 근본도 실상도 아니라는 말씀입니다. 참모습이 아닌 거짓이란 것이지요. 우리가 전도된 망상으로 본래 없는 허깨비를 있다고 착각한다는 뜻입니다. 그래서 『능가경』에서는 '토끼뿔'이니 '거북털'이니 하는 말이 나옵니다. 일체 만유는 존재하는 것 같지만 꿈같이, 환상같이, 아지랑이같이, 번개같이 허무한 것이라는 뜻입니다. 실제는 없고 이름으로, 개념으로, 가상으로만 존재하는 것이 우리가 보고 듣는 현상계라는 상징입니다. 이 부분들은 바로 '용' 차원에서 말씀하고 계신 겁니다.

3. 비사부 부처님

과거 장엄겁의 비사부(毘舍浮) 부처님께서 게송으로 말씀하셨다.

사대(四大)를 빌려서 몸으로 삼았고

마음은 본래 생겨나지 않았으나 대상을 따라서 있게 되었네.

앞에 둔 대상이 없다면 마음 또한 없으니

죄와 복도 마술이 일어나고 멸함과 같네.

[마음은 본래부터 형체가 없으나 대상을 따라서 비로소 생겨나는데,

대상의 성품도 역시 공하므로 마음과 대상은 한 가지임을 말함과 같다.]

毗舍浮佛同前劫偈曰 仮借四大以爲身 心本無生因境有 前境若無心亦無 罪福如幻起亦滅[如云 心本無形 托境方生 境性亦空 心境一如]

🎎 해 설

비사부 부처님은 과거칠불 가운데 세 번째 분으로, 장엄겁 시기에 인간의 수명이 6만 세 일 때 출현하신 부처님이십니다. 장엄겁 전에도 부처님이 계셨지만, 지금 현실은 석가모니 부처님을 기준으로 말법시대라고 말하고 있습니다. 불교 차원에서 부처가 되기 위한 노력은 하지 않고 말이나 입으로만 하는 세상을 말법시대라고 합니다.

부처님께서 열반에 드신 지 삼천년도 안 되었지만, 56억 7천만년 후에는 이 불교가 존재할 것이라고 생각하십니까? 지금 지구는 환경 파괴로 인해 균형이 깨져서 이 지구가 어떤 방향으로 갈지 아무도 모릅니다. 우리가 지금 환경을 살리지 못하면 지구는 더욱 빠른 속도로 망가집니다. 그러면 우리가 살 수 없는 환경으로 바뀔 수도 있다는 이야기입니다.

그러나 지구를 살릴 수 있는 오직 유일한 대안이 있는데, 그것은 바로 부처님 가르침입니다. 부처님께서는 일체 만물을 하나로 보기에 지구가 망가진다는 것은 우리도 같이 망가질 수밖에 없다는 뜻이 됩니다. 전자 현미경은 일반적으로 만배 확대경입니다. 이 전자 현미경으로 보면 우리 모두는 떨어져 있는 것이 아니라 모두 연결되어 있습니다. 우리는 하나 속에 있는 것입니다. 우리가 생각으로 너다, 나다 분별하는 것이지 사실은 하나라는 것입니다.

이 지구가 56억 7천만년 후에 어떻게 될지 우리는 예측할 수 없습니다. 만약 지구가 태양과 멀어지면 얼음덩어리로 바뀌고 태양과 가까워지면 불덩어리로 바뀌는데, 과연 우리가 살아남을 수 있겠습니까? 부처님 말씀을 보면 장엄겁 전, 우리가 상상할 수 없는 과거에도 부처님이 계셨다고 합니다. 과거에도 천 분의 부처님이 있었다는 것입니다. 부처님께서 사바세계에 오신다는 것은 결코 쉬운 게 아님을 알 수 있어요. 그런데 56억 7천만년 후에 미륵부처님이 오시면, 그 시대에는 사람들이 순수하게 변한답니다. 그때는 사람들이 모두 순수하게 법을 받아들인답니다. 그러나 지금은 말법시대이기 때문에 아무리 일러주어도 잘 받아들이지 않습니다.

사대를 빌려서 몸으로 삼았고

사대는 지수화풍으로 구성된 물질의 세계를 말합니다. 여기서 '지'란 땅을 뜻하며 견고한 성질을 의미합니다. 육체로 비하면 뼈와 같은 굳은 것을 가리킵니다. '수'란 물을 뜻하며 유동성을 의미합니다. 육체로 비유하면 피와 고름 등을 가리킵니다. '화'는 불, 곧 뜨거운 성질을 뜻합니다. 육체로 비유하면 체온이 됩니다. '풍'이란 바람이자 움직이는 성질입니다.

인체는 이러한 네 가지 원소로 이루어졌는데 각기 성질이 모두 다릅니다. 똑같은 성질은 합쳐지지만 다른 성질은 끊임없이 진동하며 충돌을 합니다. 물질로 이루어진 것은 다른 성향의 물질로 이루어진 것이기에, 일초도 머물러 있지 않고 충돌하여 변할 수밖에 없다는 말입니다.

마음은 본래 생겨나지 않았으나 대상을 따라서 있게 되었네

본래의 마음은 물질이 아니기에 생기는 것도 없어지는 것도 아니라고 말씀드렸습니다. 『반야심경』에서도 '불생불멸'이라고 합니다. 바로 '체' 자리를 말씀하는 겁니다. '체'에서는 마음이라는 것도 있을 수 없는 것인데, 대상이 없으면 마음도 없는 거예요. 대상이 있어야 마음이 비로서 있는 것입니다.

앞에 대상이 없다면 마음 또한 없으니

모든 경계가 없으면 마음 또한 없는 것이라는 말씀입니다. 우리는 육안의 눈으로 보며 살고 있는 중생이기 때문에 대상과 경계에 끄달려갈 수밖에 없어요. 보고 듣고 냄새 맡고 감각을 느끼고 생각하는 과정에서 대상에 물들어 집착하며 흔들리며 살 수밖에 없는 것입니다. 그러나 우리가 현실에서 경험하는 경계나 대상이 본래 없는 것이고, 그것을 인식하는 마음역시 대상이 없으면 존재할 수 없는 것임을 알아야 합니다.

죄와 복도 환술과 같아 생겼다가 사라지네

죄와 복이라는 관념도 인연 따라 이것은 죄가 되고 복이 된다는 생각에 의해서 만들어진 것입니다. 『천수경』에 "죄는 뿌리가 없으며 마음이 일으킨 것이다. 만약 마음이 멸하면 죄도 없어지리라. 죄가 없어지고 마음이 멸하여 양자가 공하면 이것을 일러 진참회라고 한다"는 구절이 나옵니다.

　　그와 같이 죄는 원래 뿌리가 없는 것입니다. 모든 것이 비었듯이 죄의 본성도 비어 있는 것입니다. 죄는 스스로 있는 것이라고 생각해서 있는 듯이 여겨질 뿐입니다. 그때문에 죄의 속성은 비어있는 이치를 따라서, 참회하는 마음이 지극하여 마음이 비워지면 죄도 또한 사라진다는 이치가 성립됩니다. 만물의 속성이 비었음을 깨닫고 마음에 옳으니 그르니 하는 판단이나 망상과 분별이 일어나지 않으면, 그 사람이 참된 공부인인 것입니다.

4. 구류손 부처님

구류손(拘留孫) 부처님은 현재 현겁(賢劫)의 첫 번째 부처님인데 게송으로 말씀하셨다.

몸이 진실하지 않다고 보는 것이 부처님의 봄이요,

마음이 허깨비와 같음을 아는 것이 곧 부처님의 앎이네.

몸과 마음의 본성이 공함을 안다면

이 사람이 부처와 무엇이 다르랴!

["몸과 마음이 하나요, 몸 밖에는 아무것도 없거늘, 산하와 대지가 어디에서

생겨날 것인가" 라고 말함과 같다.]

拘留孫佛現在賢劫第一偈曰 見身無實是佛見 了心如幻是佛了 了得身心本性空
斯人與佛何殊別[如云 身心一如 身外無餘山河大地 甚處得來]

❀ 해 설

칠불 가운데 부처님은 과거불이라고 이야기하고 구류손불부터 구나
함모니불, 가섭불, 석가모니불까지를 현재의 부처님이라고 이야기합
니다. 구류손 부처님은 사람의 수명이 4만 겁일 때 나오셨다고 합니다.

천 분의 부처님, 혹은 천오백 분의 부처님과 같이 어질고 현명한 분들이 많이 나타나서 중
생들을 제도하기 때문에 현겁(현명한 겁)이라 부른다.

몸이 실체가 없음을 보는 것이 부처님의 몸이요

우리가, 생각으로 이해하는 것을 해오라고 하고 수행을 통해서 깨닫
는 것을 증오라고 합니다. 우리는 지금 이론공부를 통해 해오를 하고
있는 것입니다. 곧바로 증오하는 사람은 매우 드물기에, 해오를 통해
서라도 공부 길을 열어가는 것입니다. 앞에서 거듭 말씀드렸지만 육신
뿐만 아니라 모든 물질로 된 세계는 사실이 아닌 환상인데, 환상을 사
실이 아닌 것으로 바로 보는 안목이 바로 부처님의 눈이라는 이야기입
니다. 그렇게 이해를 하면 우리도 이론으로나마 부처님의 눈을 뜬 것
입니다.

마음이 허깨비와 같음을 깨닫는 것이 부처님의 깨달음이네

여기서의 마음은 본래의 실상, 본래의 참마음을 말하는 게 아닙니다. 본래의 실상은 문자와 언어로 표현할 수 없다고 했습니다. 마음이라고 이름을 붙여놓았을 때, 이것은 사실이 아니라 허망한 생각, 즉 번뇌망상입니다.

『육조단경』을 보면 혜능 스님이 홍인 스님께 법을 받아 16년 동안을 숨어 살던 중 어느 절에서 『열반경』을 강의할 때 어떤 종파를 알리는 깃발을 걸어 놓았답니다. 그런데 깃발이 바람에 흔들리니 한 스님이 "깃발이 흔들린다"고 말을 했으며, 다른 스님은 "저건 바람이 움직이는 거야"라고 말을 해 의견이 양분되었습니다.

한쪽에서는 깃발이 흔들린다고 하고 한쪽에서는 바람이 움직인다고 하는 소리를 후미에서 혜능 스님이 들으시고는 "저건 깃발이 흔들리는 것도 아니고, 바람이 움직이는 것도 아니며, 여러분 마음이 흔들리는 것입니다"라고 말씀을 하셨습니다. 이 한마디로 모든 논란을 잠재워 버린 것이지요.

그리고 그 대화를 지켜보던 노스님이 "당신이 홍인 대사의 법을 받은 혜능이 맞느냐?"고 해서 "맞다"고 하니 거기서 삭발을 시켜 구족계를 주었다고 합니다.

하지만 여러분, 이것이 진정 "맞다"고 생각하십니까?

아니지요? 이 부분은 제자분이 책을 쓰실 때 잘못 기술하지 않았나 하는 생각이 듭니다. 왜냐하면 바람이나 깃발이나 '용' 차원에서 말을 하고 있는 것인데, 바람이 따로 있고 깃발이 따로 있고 마음이 따로 있겠습니까? 바로 바람이라고 해도 맞고, 깃발이라고 해도 맞고, 마음이라고 해도 맞는다는 이야기입니다.

본래는 흔들린 것이 아니거든요. 본래자리에서는 바람, 깃발, 마음이라고 해도 답이 맞지 않는다는 얘깁니다. 실상에서는 어떤 이름도 붙일 수가 없는 것인데 '용' 차원에서는 어떤 것이든 답이 됩니다.

어떤 수행자가 "달마 스님께서 동쪽에서 오신 까닭이 무엇입니까?" 하니, 조주 선사가 "뜰 앞의 잣나무다" 하고 답을 했어요.

묻는 말에 대해서 전혀 다른 답변을 한 것으로 보이지만, 바른 답변을 한 것입니다. 왜냐하면 달마 스님의 마음이나 뜰 앞의 잣나무나 하나라는 말입니다.

여러분들이 '체' 와 '용' 을 알게 되면 선문답에 대해서도 이해할 수가 있습니다. 여기에서 '마음이 허깨비와 같음을 깨닫는 것이 부처님의 깨달음이네' 이 부분은 우리가 현실에서 쓰고 있는 마음을 이야기하는 것입니다. 본래의 마음 즉 참마음인 '체' 에서는 쓸 수가 없습니다. 그러나 '용' 에서는 어떤 것도 쓸 수가 있습니다. 『직지』는 '체' 와 '용' 을 알지 못하면 내용을 이해할 수가 없기 때문에 '체' 와 '용' 에 대해서 다시 한번 설명을 드리도록 하겠습니다.

'체' 는 부처님이나 조사스님들께서 깨달은 세계를 말하는데, 그 진리와 실상은 문자와 언어로 표현할 수 없는 자리입니다. 근본 실상은 물질이 아니기 때문에 과학적으로도 입증할 수가 없는 부분입니다. 이름과 형상을 다 떠난 자리인데, 이것을 잘 표현한 것이 초기불교의 삼법인 중 무아사상을 가리키는 '제법무아' 입니다. 제법무아의 가르침이 바로 실상으로서의 '체'를 이해시키기 위해서 말씀하신 부분입니다.

무아와 무상의 도리를 알지 못하면 우리의 삶은 일체가 괴로움에서 벗어날 수가 없습니다. 왜냐하면 육안으로 보는 세계는 사실이 아니거든요. 무상의 가르침에서 보더라도 시간적으로 볼 때 일체만유는 항상 변하기 때문에 진실한 모습이 아니라는 가르침입니다.

『금강경』에서도 "일체유위법(一切有爲法)은 여몽환포영(如夢幻泡影)하고 여로역여전(如露亦如電)하니 응작여시관(應作如是觀)하라"고 설했습니다. 즉, '일체의 함이 없는 법은 꿈이요, 허깨비요, 물거품이요, 그림자 같은 것, 이슬 같고 또 번개와도 같은 것, 마땅히 이와 같이 볼지니라' 이러한 뜻입니다.

유위법이라는 것은 물질만 해당되는 것이 아닙니다. 우리 마음속에 스스로 있다, 없다, 좋다, 나쁘다 하는 생각을 일으키는 부분도 유위법에 속합니다. 그래서 유위법은 꿈과 같다고 말하고 있습니다. 꿈을 꿀 때는 경계에 이리저리 휘둘려 가다가 꿈을 깨고 보면 허망하지 않습니까. 우리가 꿈속에서 본 것은 사실이 아니었던 것이지요. 그와 마찬가지로 현실도 우리가 꿈을 꾸고 있는 것입니다. 현상계도 본질에 있어서는 물질이 아니니 있다고 할 수가 없다는 얘기죠. 또한 동시에 환상이지만 아주 없는 것이 아니니 없다고 부정할 수도 없는 부분입니다.

여러분이 지금 보고 듣고 있잖아요. 마음이 눈을 통해 보는 것이고 마음이 귀를 통해 듣고 있단 말입니다. 마음은 분명 있지만 모양이 없으니 볼 수 없습니다. 꿈을 꾸다 깨고 나면 사실이 아니었던 것을 알 수 있듯이, 우리가 깨닫고 나면 아무것도 아니라는 것을 알 수 있다는 말씀입니다. 우리가 수행을 통해서 실상을 체험하는 순간, 꿈속에서 깬 것과 똑같다는 것을 경험하게 됩니다.

무아사상은 일체가 나라고 할 수 있는 것이 없다는 말입니다. '모든 것이 생각으로 이렇다 저렇다 만들어 놓은 것이고, 일체가 다 허깨비 같고 물거품 같고 그림자 같고 이슬과 같고 번개와 같다. 그러니 응당 이렇게 관하라'고 말씀하신 것입니다. 일체의 유위법이라는 것은 작용만 했지 시간적으로는 없는 것이거든요. 그러니 사실이 아닙니다.

'일체가 마음으로 되어 있다'고 할 때 '마음'이라는 말은 어떤 문자나 언어로도 표현할 수 없는 자리인데, 방편상 이름을 붙여놓은 것입니다. 이를테면 불성, 법, 진리, 진여, 진공, 반야, 선, 공 등 우리가 편리한 대로 같은 뜻의 다양한 이름을 붙여놓은 것입니다. 문자와 언어로 표현할 수 없는 근본 실상자리를 '체'라고 하는 것입니다.

'용'이라는 것은 모양이 없는 마음의 자리에서 작용을 통해서 나타나는 현상세계를 말합니다. 모양이 없는 곳에서 나왔으니까, 모양이 있는 듯이 보여도 역시 근본은 모양이 아닙니다. 이것은 마음의 눈을 뜨면 알게 되어 있습니다. 진짜 '나'라고 했을 때 '나'는 문자와 언어로 표현할 수 없는 마음을 진정한 '나'라고 말하는 겁니다.

'나'를 찾기 위해서 불교를 찾고 닦는다고 말할 수 있습니다. 진정한 나의 자리에서 보면 이 우주는 분명 나와 하나라는 이야기입니다. 그래서 부처님께서는 태어나자마자 '천상천하유아독존'이라는 말씀을 하셨다고 합니다. '하늘 위 하늘 아래 나 홀로 존귀하다' 이 말씀인데, 나 홀로라고 했을 때 우주 실상자리에서는 우주와 하나임을 뜻합니다. 육신을 가진 석가모니 부처님 자신만을 나라고 표현했다면 잘못 알고 있는 거죠. '나'는 우주와 내가 하나 라는 차원에서 말씀하신 부분입니다.

속지 말아야 할 것은 모양이 없는 것에서 나온 현상계도 본래는 모양이 아닌데 우리는 거기에 끄달려가며 아픔을 겪는다는 사실입니다. 부처님께서 깨달으신 진리의 실상세계는 문자와 언어로 표현할 수 없는 깨달음의 세계입니다. 그 자리를 조사스님들께서도 깨달으신 것입니다. 그 자리에서 나온 현상세계를 '용'이라고 하는데, 사람들이 거기에 끄달려가면 괴로운 인생을 살게 됩니다.

모양이 없는 자리에서 모든 것이 나왔기 때문에 진공묘유라고 하는데, 컵이나 마이크도 바로 그 '하나'의 자리에서 나온 것입니다. 이 부분을 아시면 앞으로 조사스님들의 선문답을 이해할 수가 있습니다. 컵, 마이크, 마음 이것을 따로 보시면 본질을 모르고 계시는 줄 아시면 됩니다. '체'와 '용'을 모르는 것이죠. '체'와 '용'을 바로 이해하시면 『직지』내용을 공부하는데 도움이 될 것입니다.

몸과 마음의 본성이 공한 줄 안다면

여기서 공이라는 것은 본래의 마음을 설명한 것이라고 했습니다. '몸과 마음의 본성이 진여의 마음인 줄 안다면' 이런 뜻이 됩니다. 본래의 마음이라는 것은 있지만, 모양이 없어요. 또 없지만 없는 것도 아닙니다. 그래서 '텅 빈 충만', 진공묘유라고 설명한다고 보시면 이해할 수 있을 것입니다.

이 사람이 부처와 무엇이 다르랴

"만약에 형상으로써 나를 보려고 하거나 소리로써 나를 구하려고 하는 자는 사도이다. 이런 사람은 영원히 진리를 볼 수가 없다."

『금강경』에 나오는 내용입니다. 진리의 실상은 형상이나 소리로는 절대 볼 수 있는 것이 아닙니다. 그래서 『금강경』은 "만약 형상이 있는 것이나 형상이 없는 것이나 모양이 없는 것을 알면 그 자리에서 곧 여래를 본다"고 설했습니다. 진리를 보는 순간을 말하고 있습니다. 이는 어려운 경계가 아니지만, 현실에서는 어려운 말입니다.

너무나 오랜 세월 '본래 나와 괴리된 삶을 살아왔기에 아무리 일러주어도 깨닫지 못합니다.

무수한 과거로부터 육안의 눈으로 살아왔기 때문에 그 실상을 잊은 지가 너무 오래되었어요. 본래 하나인 도리를 일러주어도 우리가 쉽게 받아들일 수가 없다는 말입니다. 우주를 하나로 보는 세계가 바로 진리, 실상의 세계인데 그 세계를 다른 말로 부처님이요, 마음이요, 선이요, 법이요, 불성이라 하며 온갖 이름을 붙여놓았습니다. 그 자리를 우리가 둘이 아닌 하나의 자리, 선이라고 말을 하는 것입니다.

일체 만물이 거기서 나오지 않은 것이 없어요. 그러니 여러분이 관세음보살님을 찾든 지장보살님을 찾든 아미타불을 찾든 이것은 명칭임을 아셔야 합니다. 그러니까 관음을 찾든 지장을 찾든 화두를 들든, 일상 속에서 한 생각을 놓치면 안 됩니다. 그렇게 정진할 때 부처님의 은혜를 갚는 일이 열립니다. 수행은 괴로움에서 완전히 벗어날 수 있는 유일한 길이기에, 정진하지 않으면 아무 소용이 없습니다. 불교를 믿는 목적이 바로 여기에 있습니다. 매 순간순간 한 생각을 놓치지 말고 정진하시기 바랍니다.

5. 구나함모니 부처님

구나함모니(拘那含牟尼) 부처님은 현겁의 두 번째 부처님인데 게송으로 말씀하셨다.

부처님은 몸을 보지 않고 아는 것이 곧 부처이니

참으로 지혜가 있으면 부처는 따로 없네.

지혜로운 이는 죄의 성품이 공한 줄 아나니

태연하여 생사를 두려워하지 않네.

拘那含牟尼佛賢劫第二偈曰 佛不見身知是佛 若實有知別無佛 智者能知罪性空

坦然不怖於生死

✿ 해 설

구나함모니 부처님은 과거 칠불 가운데 현겁의 두 번째 부처님이십니다. 사람의 수명이 3만세일 때 세상에 출현하셨다고 합니다. 현겁의 부처님이라는 말은 어진 세상에 출현했던 부처님을 뜻하는 것이고, 겁이라는 개념은 상상할 수도 없는 긴 시간을 의미합니다. 그러나 분명한 것은 천만년, 억만년 전의 나와 지금의 나는 본래자리에서 변함이 없다는 사실입니다. 천겁 전에 이 부처님들은 깨달으셨지만, 우리는 똑같은 마음을 가지고 있으면서도 깨닫지 못한 것입니다.

깨달은 분들을 부처님이라고 하는데, 그 분들은 생사를 뛰어넘은 분들이죠. 생사를 초월한다는 것은 '참나' 자리에서 보았을 때 요지부동이고 변함이 없음을 나타냅니다. '본래 나' 는 천년 후에도 바로 그 자리입니다. 조금도 오고 감이 없는 자리입니다.

부처란 몸을 보지 않아도 부처인줄 알지만

'부처의 몸' 이라고 했을 때는 부처님의 육신을 말하는 것이 아니라 진리의 '체' 를 말하는 것입니다. 문자와 언어로 표현할 수 없는 자리를 그 자리를 반야라고도 이야기합니다. 이 자리는 눈으로 볼 수 있는 세계가 아닙니다. 그래서 『금강경』에서는 "이일체상 즉명제불(離一切相 卽名諸佛)이라", '일체의 모양을 떠나면 바로 부처다' 라고 거듭 강조하고 있는 것입니다.

만약 진실로 안다면 부처가 따로 없네

진실로 부처를 안다면 '체'와 '용'이 하나여서 어떤 표현도 할 수 없지만, 인격적으로 부처라고 말합니다. 부처가 인연 따라 나타나는 현상계도 역시 부처입니다. '부처 아니 것이 없다' 이렇게 말하는 이유도 본래가 부처이기 때문에 작용을 통해서 나타나는 현상계 역시 부처라는 뜻입니다.

금을 녹여서 귀걸이, 목걸이를 만들었어도 본래 금이라는 것이 변함이 없듯이 우리 본래의 마음자리도 마찬가지입니다. 그래서 '보이는 만물이 관음이다', 이렇게 이야기하는 겁니다. 부처 아닌 게 없습니다.

우리가 부처의 능력을 다 가지고 있지만, 진리를 모르는 어리석음과 전도된 망상 때문에 사실이 아닌 것을 사실인양 착각해 살고 있는 가운데 그 능력을 못 쓰는 것입니다. 여러분이 만약 진실로 그 도리를 안다면 부처가 따로 있는 것이 아닙니다. 모두 부처라는 말입니다.

지혜로운 이는 죄의 성품이 공한 줄 잘 알아서

여기서 '지혜로운 이'라 함은 우주와 내가 하나인 도리를 아는 사람을 말하는 것으로 지혜는 반야와 같은 말입니다. 죄라는 것도 본래는 없는 것이라는 말입니다.

죄도 우리가 생각으로 만들어 놓은 개념입니다. 스스로 업을 지어놓은 것입니다. 내가 행한 일은 상대는 모르더라도 자신은 알잖아요. 본래 지혜에서 비춰보면 내가 행한 것은 마음의 작용에 지나지 않는 것입니다. 예를 들면 바다를 보더라도 잔잔한 날이 별로 없잖아요. 항상

파도가 일고 있습니다. 파도라는 것은 어떤 환경의 변화에 의해서 출 렁이는 것이거든요. 바닷물이 출렁거렸다고 해서 물의 성질이 변한 것 은 아니라는 말입니다.

이런 도리를 안다면 죄 역시 내 마음에서 만들어 놓은 것이고, 죄의 성품 또한 공한 줄 잘 안다는 것입니다. 죄라는 생각에서 벗어났다면 업에서 벗어난다는 법문입니다.

걸림이 없이 생사에 대해 두려워하지 않네

실상인 '체' 자리에서 말씀하고 계신 부분입니다.

우리가 수행할 때 화두를 들거나 염불을 할 때는 실상의 자리에 마 음을 두고 해야 됩니다. 재가 불자님들이 수행을 할 때면 '정진'이라는 말보다 기도라는 말을 많이 쓰잖아요. 기도한다. 즉 '빈다'는 것은 대 상을 염두에 두고 한다는 의미를 담고 있습니다. 그러나 우주의 진리, 실상에서는 대상이 따로 없잖아요. 대상이 없기 때문에 당연히 빌 대 상이 없는 것입니다. 우리는 그 자리를 깨닫기 위해서 비는 것입니까, 아니면 정진하는 것입니까? 바로 정진하는 것입니다. 그러니 우리가 기도라는 말을 처음부터 쓰지 말아야 합니다. 기도라는 말을 쓰면 우 리 스스로 불교를 폄하하는 것입니다. 빌 대상이 따로 없습니다.

이 가르침은 위대한 가르침입니다. 누구나 우주의 주인이 될 수 있다 는 가르침이 서구에서 아주 매력적인 종교로 호기심과 매력을 주고 있 습니다. 알고 보면 불교가 전혀 어려운 것이 없어요. 모르기 때문에 불 교가 어렵다고 하는 것이지, 사실 불교는 전혀 난해한 것이 없습니다.

불자님들에게 어렵다고 생각되는 부분들은 불교 용어가 복잡한 데 기인하기도 합니다. 그러나 불교 용어들은 편리한대로 이름을 붙여놓은 명칭에 불과합니다.

지장보살, 문수보살, 관세음보살이 따로 있다고 생각하시는 분들이 적지 않은데 절대 따로 있는 분들이 아닙니다. 세간에서도 능력이 많은 분들에게는 여러 가지 별명이 많이 붙잖아요. 그와 마찬가지로 덕과 지혜를 갖춘 부처님자리는 어떤 하나의 이름으로 공능을 다 표현할 수가 없어요. 측면에서, 정면에서, 아래에서, 위에서 보면 모두 다르거든요. 그래서 이렇게 저렇게 이름을 붙여놓은 것입니다. 절대 다른 것이 아닙니다. 여러분들도 여기서는 불자님이라 불러도 대답하고 집에 가시면 엄마, 누나, 동생이라 불러도 다 대답을 합니다. 그것은 그때 그때 역할에 따라 우리가 편리한대로 이름을 붙여놓았을 뿐 속지 말라는 말씀입니다.

이것을 아시면 불교가 굉장히 쉬운 공부가 됩니다. 다만 우리가 불교의 가르침을 행하기는 어렵다는 말이죠. 그것을 마음에 두고 하나가 되기 위해서 정진을 하셔야 되는데 쉽게 집중이 안 되거든요. 우리가 매일 밥을 먹듯이 나를 찾는 공부를 하셔야 그나마 다가갈 수가 있습니다. 다가가면 갈 수록 우리는 편안함을 느낄 수가 있어요.

청화 스님께서는 47년 동안 장좌불와를 하셨다고 하는데, 스님께서는 이게 편하다고 하셨어요. 습이 된 거죠. 우리가 세 끼를 먹지 않으면 안 되지만 그것도 습이라는 것입니다. 한 끼를 먹어도 습이 되면 적응이 된답니다. 우리가 식탐을 끊게 되면 오욕락이 없어지는 것입니다.

6. 가섭 부처님

가섭(迦葉) 부처님은 현겁의 세 번째 부처님인데, 게송으로 말씀하셨다.

모든 중생의 성품은 청정하여

본래부터 생겨나거나 멸하지 않네.

이 몸과 마음은 곧 마술에서 생겨난 것이니

마술로 만들어진 것에는 죄도 복도 없다네.

迦葉佛賢劫第三偈曰 一切衆生性淸淨 從本無生無可滅 卽此身心是幻生 幻化之中無罪福

⚮ 해 설

과거칠불 가운데 석가모니 부처님의 바로 전 부처님으로 제6불에 해당하는 가섭 부처님은 한문으로 음광불(飮光佛)로 번역되기도 합니다. 인간 수명이 2만 년일 때 세상에 나오셨다는 가섭불은 우리나라에서도 잘 알려진 부처님이십니다. 『삼국유사』를 보면, 경주 황룡사에 가섭불이 편안하게 좌선하셨다는 연좌석(宴坐石)이라는 돌이 밭 가운데 있다는 기록이 보입니다. 『장아함경』에 따르면 가섭불은 니그로다나무 아래에서 성도하셨으며, 2만 명의 제자가 있었다고 합니다. 이 경에 의하면 각덕 비구가 수행하여 성불한 뒤 가섭불이 되었다고 전합니다.

모든 중생의 성품은 청정하여

『화엄경』을 보면 "심불급중생 시삼무차별(心佛及衆生 是三無差別)"이라는 말이 나옵니다. 마음, 부처님, 중생 이 셋은 조금도 차별이 없다는 말씀입니다. 육안의 눈으로 본다면 분명 차별이 생겨요. 하지만 마음의 눈으로 보면 마음, 부처님, 중생 모두 똑같은 자리라는 이야기입니다. 그 자리는 어떤 이름도 붙일 수가 없는 자리인데, 여기서 청정하다는 얘기는 정말 맑고 깨끗한 자리를 말합니다. 본래자리는 누구나 똑같은 자리입니다. '체'의 입장에서 보면 청정하단 말도 어쩔 수 없이 한 표현일 뿐입니다. 어떤 문자나 언어로 표현할 수가 없는 자리인데 마지못해 청정하다고 말한 것입니다.

본래부터 생겨나거나 없어질 수 없네

참마음은 물질이 아니니까 생기는 것도 없어지는 것도 아니라는 말입니다. 물질은 한번 생겨나면 다른 모습으로 변해가지만, 물질이 아닌 마음자리에서는 변할 수가 없어요. 그래서『반야심경』에서 '불생불멸'이라고 하잖아요.『반야심경』을 읽을 때도 물질이 아닌 진여자리에 마음을 두고 읽으면 가슴에 와닿게 됩니다. 그때가 우리의 마음이 열리는 순간입니다.

이 몸과 마음은 환술로 생겨난 것이니
환술로 만들어진 것에는 죄와 복이 없다네

몸과 마음이라는 것도 이름붙일 수 없는 것이고, 물거품과 같은 것입니다. 우리의 육신은 어떻게 만들어진 겁니까? 바로 부처님 몸 안에 수정란 세포가 생겨서 스스로 몸을 형성한 것입니다.

임신 중의 태교는 뇌를 만드는 과정에서 가장 중요하다고 합니다. 그럴 때 염불을 해주면, 맑은 에너지니까, 탁한 기운을 정화시키는 속도가 굉장히 빠릅니다. 그러면 태아가 편안한 가운데 스스로 몸을 만들어간다고 합니다. 평온한 마음으로 뇌를 만들면 아이가 정말 총명하겠지요. 이것은 과학적으로 입증이 된 부분들입니다.

우리가 부모님 태중에 들어가 내 몸은 내가 스스로 만드는 것입니다. 그러나 부모 탓할 것이 전혀 없어요. 우리 육신이라는 것은 부모님의 인연에 의해서 잠시 모양으로 나타난 것이지, 사실이 아니라는 말입니다.

물질과 마음은 본래 어떤 이름도 붙일 수 없습니다. 마음이라는 것은 보고 듣고 좋다 나쁘다 생각하는 것을 말하는데, 이런 부분들이 환술로 만들어진 것이라고 말하고 있습니다. 그래서 죄라는 것과 복이라는 것도 내가 만들어 놓은 것이니 본래는 없다고 거듭 말하는 것입니다.

문: 스님께서는 오랫동안 지장정근을 해오신 것으로 압니다. 『법화경』을 공부하는 분들은 사경을 하시고, 염불하는 분들은 염불을 하시고, 참선하는 분들은 참선을 하십니다. 사람들의 근기에 맞는 공부가 있다고 하는데 정진을 어떻게 하고 어떤 수행을 어떻게 해야 되는 것인지 말씀해 주시기 바랍니다.

답: 염불을 하든 화두를 들든 중요한 것은 마음을 어디에다 두고 하느냐가 중요한 것입니다. 부처님으로부터 육조 혜능 스님까지의 가르침은 선오후수(先悟後修)의 수행입니다. 우주의 실상을 이론적으로 이해하는 것을 해오라고 합니다. 먼저 이해를 하고 닦는 것이 중요합니다. 지금 조계종에서 간화선 수행법을 강조하고 있습니다만, 지금과 같은 간화선 수행법은 문제가 있다고 생각합니다. 왜냐하면 무조건 '무' 자를 들어야만 된다고 말을 하는데 간화라는 것은 철저하게 화두에 의심이 들어야 되는 겁니다. 의심이 되지 않은 상태에서 '무', '무' 하고 있다면 그것은 죽은 공부예요.

선에 대해서도 제대로 이해하지 못하시는 분들이 굉장히 많습니다. 선을 이해해야만 간화선이나 조사선을 바르게 공부할 수가 있습니다. 컵이나 마이크나 본래 '하나'의 자리에서 나왔고 '관세음보살' 하는 그놈도 우주와 하나인 그 자리에서 나왔다는 말입니다. 모든 것은 '하나'에서 나왔으니까 '하나'라는 것을 알고 여러분이 집중만 하면 되는 겁니다.

사람 근기에 따라서 이 사람은 무엇을 해야 되고, 또 이 사람은 무엇이 맞느냐는 질문에 대해 설명 드리도록 하겠습니다.

얼마 전 여수 불자모임에서 혜은사로 대중공양을 왔는데 한 팀은 염불선을 배워서 염불선을 하는 조직이고 한 팀은 다라니 주력을 하는 팀에서 오셨는데, 똑같은 질문을 하셨어요. 사람마다 분명 근기는 다릅니다. 하지만 다라니가 됐든, 염불이 됐든, 화두가 됐든, 마음을 어디에 두고 하느냐가 중요하지 무엇을 하는 것이 중요한 게 아니라는 말씀을 드립니다.

사경은 초기에 불교에 입문해서 집중하기 위한 좋은 방편입니다. 어떤 분이 사불(寫佛)도 선(禪)이라고 말씀하셨는데, 선이라는 것은 그림을 그릴 때 그 선(禪)에만 집중해서 들어가야 되거든요. 내가, 그림을 그리고 있는 분이 우주와 하나라는 이것을 제대로 알고 한다면 상관이 없습니다. 우주를 그대로 하나의 마음으로 보는 것을 선(禪)이라고 하는 것입니다. 그것을 인격적으로 부처님이라고 하잖아요.

'선시불심 교시불어(禪是佛心 敎是佛語)라.' 교는 부처님 말씀이고 선은 부처님 마음입니다. 선과 마음은 하나라는 얘기입니다. 마음이 곧 부처이고 부처가 곧 선이다, 이런 말입니다. 우주를 하나로 보고 무엇이든 행했을 때, 그 수행은 선이 되는 겁니다.

화두 수행법은 중국에서 만들어진 수행법인데, 화두는 철저한 의심을 생명으로 합니다. 예를 들면 한 스님이 운문 스님을 찾아가서 "불교의 대의가 무엇입니까?" 하고 물으니 "마른 똥 막대기다"라고 대답을 해주셨습니다. 질문한 것에 대해서 답을 한 것입니다.

그런데 질문한 스님 입장에서는 운문 스님께서는 도인 스님인데 '왜 불교의 대의를 똥 막대기라고 했을까?' 라는 의심이 생기잖아요. 이것이 간화선입니다. 상대에게 의심을 유도해낸 것입니다.

그런데 '마른 똥 막대기' 라고 말할 때 깨달았다면 그 순간에 깨치는 것이지만 '왜 불교의 대의를 마른 똥 막대기라고 했을까?' 하고 의심이 생긴다면, 그때부터 간화선이라고 말할 수 있습니다. 간화선도 결국은 마음을 집중시켜 주기위한 방편이라는 말입니다.

화두가 일념이 되어 정말로 의단이 끊어지지 않으면 굉장히 빠른 공부입니다. 한 예로 임제 스님이 황벽 스님께 법을 받는 과정을 보겠습니다. 황벽 스님 문하에는 내로라 하는 스님들이 많이 모였지만, 그 중 수행을 가장 잘하신 분이 임제 스님이었어요. 십년간을 황벽 스님 문하에서 정진을 했어요.

어느 날 임제 스님께서 황벽 스님께 점검을 받으려고 찾아가서 입을 떼려고 하니까, 황벽 스님께서 느닷없이 주장자로 삼십 방을 내려치신 겁니다. 말 한마디도 못하고 맞기만 하고 나왔어요. 그리고 다음에 또 찾아가서 입을 떼려고 했지만, 또 맞기만 하고 나왔습니다. 이제는 분하고 억울한 생각이 드는 겁니다. 그래서 입승스님께 그 얘기를 전하니, 대우 스님이라는 큰 스님이 계신데 그럼 그분을 찾아가 보라고 얘기를 해 주셨어요.

대우 스님을 찾아가면서도 마음속에서 '큰스님께서 왜 나를 때렸을까?' 하고 의심이 떠나지 않는 겁니다. 그런 생각을 하면서 가니 금방 대우 스님 계신 곳에 도착을 했습니다.

그렇게 대우 스님을 찾아가서 그동안 있었던 일을 말씀드리니, 대우 스님께서 "황벽 스님이 자비스런 마음으로 일러주었는데 왜 자네가 못 알아듣는가?" 하고 말씀하셨는데 그 순간, 임제 스님께서 확 깨쳐 버리셨어요.

임제 스님께서 "황벽의 도도 별거 아니네!" 하니까, 대우 스님께서 "방금 뭘 봤느냐?" 하니, 임제 스님께서 대우 스님을 세 방 내어지르거든요. 그러니까 대우 스님께서 "너는 공부가 다 됐구나! 넌 내 제자가 아니라 황벽을 찾아가거라!" 하셨어요. 다시 황벽 스님을 찾아가 그 얘기를 사실대로 말하니 "알았느냐?" 하고 말씀하셨습니다.

황벽 스님께서 때린 도리는 문자와 언어로 표현할 수가 없잖아요. 표현할 수 없는 진리를 물으니 내려치신 거예요. 상대에게 의심을 유도해준 거죠. 이렇게 했을 때 간화선이 성립됩니다.

우리가 수행하는데 있어서 가장 중요한 부분은 선지식을 만나서 그런 의심이 생긴다고 하면 그대로 의심이 들어 빨리 깨칠 수가 있다는 말입니다. 하지만 쉽게 간절한 의심에 들어가기가 어렵다는데 문제가 있습니다. 결국 간화선에서 중요한 것은 의심을 유도해줄 수 있는 선지식을 만나야만 가능하다는 말입니다. 한국 불교에서는 이럴 만한 선지식이 없다고 말하고 있는데, 탁월한 선지식은 상대의 마음까지 읽을 수 있는 타심통(他心通)이 열려야만 가능하다고 볼 수 있습니다.

염불은 굉장히 맑은 에너지입니다. 지금 염불하는 그놈이 우주와 하나라는 것을 믿고 관세음보살을 염한다면 줄여서 '관음', '관음'을 굉장히 빨리 염하셔야 돼요. 그래야 틈이 안 생겨서 집중할 수가 있습니다. '관음'보다 단어가 긴 관세음보살을 염한다면 염불자체가 맑은 기운이라 탁한 기운이 정화는 되지만 오래 집중하기는 어렵습니다. 아주 빠르고 짧게 해야만 틈이 안 생깁니다. 걸어 다니면서, 운전하면서 항상 할 수가 있다는 얘깁니다. 주력을 한다면 주력하는 그놈이 우주와 하나라고 생각한다면 선이 되는 것이고, 선이라는 개념은 대상이 끊어졌을 때 선이 되는 것입니다.

대상이 있다고 생각하며 수행하는 것은 외도입니다. 다라니 하는 그놈이 우주와 하나라는 생각으로 한다면 주력 수행이 되는 겁니다. 의심이 되면 화두가 들리지만 의심이 되지 않는다면 차라리 주력이나 염불을 하는 것이 낫다는 말씀을 드립니다.

청주에 '신묘장구대다라니'를 하루에도 무척 많이 해오시는 보살님들이 계신데 그분들은 수행자들을 보면 스님들이 공부가 잘 되고 있는지 경계를 느낄 수가 있다고 합니다. 식(識)이 맑아졌다는 뜻입니다. 흔히 업장 소멸이라고 말하는데, 여기서 소멸은 아닙니다. 탁한 기운을 맑은 기운으로 정화시키는 겁니다. 우리는 정진을 통해서 과거로부터 익혀온 잘못된 습, 어리석음으로 인한 탁한 기운을 맑히는 것입니다. 화두를 들어 깨친 후에도 보임수행으로 염불이나 주력 수행을 하기도 합니다. 어떤 수행을 하든 하나라는 것만 믿고 가신다면 최상승 수행으로 가는 길입니다. 가장 중요한 것은 매일 십분, 이십분이라도 꾸준히 해나가는 것이 중요합니다.

7. 석가모니 부처님

석가모니(釋迦牟尼) 부처님은 현겁의 네 번째 부처님인데 게송으로 말씀하셨다.

별을 보고 도를 깨달았지만

깨달은 뒤에는 별이 아니네.

사물을 뒤쫓지도 않지만

무정(無情)은 아니네.

釋迦牟尼佛賢劫第四偈曰 因星見悟 悟罷非星 不逐於物 不是無情

❀ 해 설

석가모니 부처님께서 깨닫고 노래한 게송에 대해서 알아보기 전에, 우리가 참으로 귀의해야 할 대상이 무엇이며, 귀의한다는 것이 어떤 의미인지 먼저 알아보겠습니다.

불교에서는 '삼귀의(三歸依)'를 말하는데, 이것은 불 법 승 삼보를 믿고 의지함을 뜻합니다. 귀의불 귀의법 귀의승을 합하여 말하는 것입니다. '귀의'라고 할 때, '귀'는 '돌아갈 귀'자를 씁니다. 우리는 깨닫지 못한 중생이지만 본래는 부처이기 때문에 본래로 돌아가는 것이 불자들의 궁극적인 목적임을 나타냅니다. '의'자는 불, 법, 승에 돌아가서 '의지한다'는 뜻입니다.

부처님께서 깨달으신 부처의 세계는 언어로 표현할 수 없는 본래의 마음으로 되어있습니다. 바로 그 자리를 석가모니 부처님께서 '청정 법신 부처님'이라고 말씀하고 계십니다. 석가모니 부처님께서는 깨달음을 이룬 분이지만 『금강경』에서 "32상 80종호를 통해서 여래를 볼 수 있겠느냐?" 하고 제자에게 묻고 계십니다. 32상 80종호라는 것은 과거의 오랜 수행을 통해서 얻어진 공덕으로 갖추어진 육신을 말하는 것입니다.

제자 역시 "32상 80종호를 통해서는 여래를 볼 수 없습니다"라고 대답을 하십니다. 이 말씀은 형상으로는 부처를 볼 수 없다는 뜻입니다.

보고 듣고 생각하는 것은 마음의 작용입니다. 본래 마음자리는 오고 감이 끊어진 자리이고 보고 듣고 하는 것까지 끊어진 자리예요. 그 자리를 부처님께서 '여래'라고 하신 것입니다.

그래서 우리가 부처님께 귀의한다고 하는 말은 바로 언어로 표현할 수 없는 우주의 근본 실상으로 돌아가서 그 자리를 의지한다는 뜻임을 알 수 있습니다.

'법에 귀의한다고' 하면 팔만사천 가지 부처님께서 말씀하신 법을 말하기도 하지만, 『금강경』에 와서는 그 부분마저 부정합니다. 오히려 부처님께서는 "나는 한마디도 법문을 하지 않았다"고 말씀하십니다. "나는 법을 설한 적이 없다"고 말씀하신 뜻을 이해하지 못한 사람이 들었다면 '그렇게 말씀을 많이 하시고 한마디도 하지 않았냐'고 오해할 수 있는 부분도 있을 것입니다.

그러나 부처님께서 말씀하신 실상은 언어로 표현할 수 없으니까, 말을 해도 실제로는 하지 않았다고 말씀하는 것입니다. 우주의 근본 실상인 하나의 자리는 물질이 아니니 나눌 수가 없는 것입니다. 그래서 부득이 하나의 자리를 일원상으로 표현하기도 합니다. 『반야심경』에서는 이 반야바라밀다는 가장 신비한 진언이라고 합니다. 법이라는 것은 언어로 표현할 수 없는 우주의 근본실상을 뜻합니다.

부처님 자리나 법의 자리나 똑같은 것입니다. 근본 실상을 인격적으로 부처님이라고 하고 그 자리를 법이라고도 하는 것입니다. 그래서 과거 현재 미래의 부처님들이 하나의 자리, 바로 반야에 의지하여 최고의 깨달음을 얻는다고 하는 것입니다.

청정한 스님들께 귀의한다고 했을 때, 어떤 대상에게 의지해야 한다고 생각하는 분들이 계신데 이 말씀은 바로 본래의 자기를 뜻함을 알아야합니다. 하나의 법을 의지해서 행하는 것, 그 자리에 의지하겠다는 말입니다. 곧 청정한 행을 말하고 있습니다.

그럼 이 행은 출가한 스님들만 실천해야 됩니까? 아니죠. 바로 재가 자분들도 그 법을 의지해야되고, 그 자리로 돌아가서 수행을 하여야만 깨달음을 얻을 수 있습니다. 출가를 했든 하지 않았든 세속에 있든 산속에 있든 '하나'의 자리에 마음을 두고 수행한다면 누구든지 깨달음을 이룰 수가 있다는 말입니다.

그럼 이제 칠불 가운데 마지막 부처님이신 석가모니 부처님의 가르침에 대해서 공부하도록 하겠습니다. 석가모니 부처님은 현겁의 네 번째 부처님입니다. 칠불 가운데 세분(비바시불, 시기불, 비사부불)을 과거 부처님이라고 하고 구류손불, 구나함모니불, 가섭불, 석가모니불까지 네 분을 현겁의 부처님이라고 이야기합니다.

별을 보고 깨닫게 되었지만 깨달은 뒤에는 별이 아니네

수행자들이 깨닫게 되면 게송으로 표현을 하게 되는데, 이것은 부처님께서 깨달으신 후 노래한 오도송입니다. 부처님께서 12연기를 역으로 관하시다가 새벽에 밝은 별을 보는 순간, 마음이 확 열리는 체험을 하십니다. 과거를 다 알게 되고 업이 녹는 여섯 가지의 능력을 그 순간에 체험하시게 됩니다. 별을 보고 깨닫게 되었는데, 깨닫고 보니 별이 아니더라는 말씀입니다.

깨닫기 전에는 육안의 눈을 가지고 있었기 때문에 모든 대상이 있다고 생각했던 거예요. 그러나 깨닫고 보니 일체를 마음으로 보게 된 것입니다. 마음의 세계로 보니까 별도 별이 아니더라는 말입니다. 현대 과학의 설명을 빌리자면, 별도 사실은 파동이나 진동에 의해서 존재한다는 것을 알게 된 것입니다. 변하지 않는 고정불변의 실체가 아니라는 것을 알게 된 거예요. 부처님께서는 별 뿐만 아니라 우리 의식 속에 있는 대상이 모두 사실이 아님을 깨닫게 된 것입니다.

사물을 뒤쫓지 않지만 무정은 아니네

물질에 대해서 집착은 하지 않지만 일체가 다 생명이더라는 말입니다. 물질의 본질은 마음으로 되어 있는데, 마음은 곧 생명이라고 말하는 것입니다. 그래서 인격적으로 본래의 마음을 '부처님'이라고 부릅니다. 깨닫고 보니 물질이라고 생각했던 것이 물질이 아니라는 것을 알게 됐고, 육안으로 보는 세계는 실제가 아니기에 끄달려갈 이유가 없다는 말입니다.

모든 것이 생명이기에 식물도 화분을 통해 키울 때 한쪽은 염불을 하고 한쪽은 좋지 않는 소리를 하며 키웠을 때, 염불을 하며 키운 화분의 꽃이 훨씬 아름답게 잘 자라는 것이 실험을 통해서 증명이 되었습니다. 염불이라는 것도 생명으로 되어 있어서, 우리가 좋은 생각을 하며 염불을 했을 때 좋은 기운이 가는 거예요. 좋은 파장이니까 성장을 촉진하게 됩니다. 나쁜 말이나 욕설은 독이 들어가니까 생명의 균형이 깨지는 것입니다.

부처님께서는 우리가 생명이 아니라고 생각하는 것들이 실은 생명으로 되어있다고 말씀하십니다. 돌과 물, 죽은 나무와 같은 무정물도 마음의 눈으로 보면 똑같은 생명으로 되어있다는 얘기예요. 우리가 평소에 생각을 어떤 쪽으로 하느냐에 따라서 나를 맑힐 수도 있고 탁하게 할 수도 있다는 뜻입니다. 에너지 보존의 법칙에 의해서 내가 말하는 파장은 다시 자신에게 돌아오게 되어 있습니다.

위의 게송에서 '사물을 뒤쫓지 않는다'는 말은 보고 듣는 것은 사실이 아니고 대상이 없으니까 내가 행한 것도 사실은 행한 게 아님을 알기에, 사물에 얽매이지 않는다는 뜻입니다. 일체가 마음의 작용임을 알기에 속지 않는 것이라고 말씀드렸습니다.

달이 천 개의 물 속에 비춰져서 떠 있다면 어떤 것이 진짜입니까? 하늘에 뜬 달이 진짜이겠지요. 우리가 달그림자를 달인 양 착각하고 있지만, 사실이 아니라는 말입니다. 결국 중생이라고 하는 세계는 환상을 사실인 줄 알고 사는 세계입니다. 마음에서 보면 나누어진 것이 아니고 한 덩어리, 하나인데 그런 줄 모르기에 중생의 고통스런 삶이 펼쳐집니다. 하나이기 때문에 살생이라는 것도 내가 무엇을 죽이면 결국 나를 죽이는 것이고, 거짓말 역시 내가 남을 속였지만 자기 자신은 속일 수가 없는 것입니다. 내가 부처님이기 때문에 나는 못 속이는 것입니다. 내가 행한 것은 내가 알기에 인과가 만들어집니다. 그러나 내가 행한 것에 집착하지 않으면 인과가 만들어지지 않습니다.

세존께서 영산(靈山: 靈鷲山)에서 설법하실 때 하늘에서 네 가지 꽃이 비처럼 쏟아졌다. 세존께서 그 꽃을 집어 들고 대중들에게 보이시니 가섭이 빙그레 웃었다. 이에 세존께서는 말씀하셨다.

"나에게 정법안장(正法眼藏)과 열반묘심(涅槃妙心)이 있으니 이를 마하가섭에게 부촉하노라."

世尊在靈山說法 天雨四花 世尊遂拈花示衆 迦葉破顔微笑 世尊云 吾有正法眼藏 涅槃妙心 付囑摩訶迦葉

⚙ 해 설

부처님께서 가섭 존자에게 법을 전하시는 내용입니다. 중인도 마가다국 영축산에서 주로 『법화경』을 설하셨는데, 법을 설하실 때 하늘에서 천인들이 꽃비를 부린 겁니다. 부처님께서 그 가운데 꽃을 들어 대중들에게 보이셨는데, 마음의 눈을 뜬 분에게만 꽃이 보이지 다른 사람에게는 꽃이 보이지 않아요. 유독 가섭 존자가 그 뜻을 알고 빙그레 웃음으로 답을 했습니다. 이것이 염화미소(拈華微笑)라고 하는 최초의 선문답입니다.

꽃을 들어보이고 일러보라고 하면 보통 꽃이라고 생각하고 답을 하잖아요. 그러나 본래는 모양이 없으니까, 꽃의 본래자리를 일러보라고 말씀하신 것입니다. 가섭 존자가 입을 떼서 답을 하면 그르치니까 빙그레 웃으면서 화답을 하셨습니다. 부처님의 마음이 이심전심으로 가섭 존자에게 통한 것입니다. '가섭 존자가 나의 뜻을 제대로 이해하고 있구나' 하고 석가모니 부처님께서 정법안장(우주를 하나의 마음으로 보는 견해) 열반묘심(그 하나에 들어가는 것)을 가섭 존자에게 전한 것입니다.

석가모니께서 가섭 존자에게 법을 전한 전법게는 다음과 같다. '법은 본래 없는 법을 법으로 하니(法本法無法) 없는 법인 법 또한 법이네(無法法亦法). 지금 없는 법을 전해줄 때에(今付無法時) 법과 법이 어찌 일찍 법이던가(法法何會法).'

부처님께서 열반의 자리에서 손으로 가슴을 만지면서 대중들에게 고하셨다.

"그대들은 나의 자마금색(紫磨金色) 몸을 잘 살펴보고 마음껏 공경하여 후회가 없도록 하라. 만약 내가 멸도(滅度)했다고 말하면 그는 나의 제자가 아닐 것이며, 내가 멸도하지 않았다고 말해도 나의 제자가 아닐 것이다."

그때 백만 억의 대중들은 하나같이 큰 깨달음을 얻게 되었다.[이 말씀은 여래께서 이 세상에 나지 않았고 또한 열반하지도 않았음을 말한 것 같다.]

佛於涅槃會上 以手摩胸 告大衆曰 汝等善觀吾紫磨金色之身 瞻仰取足勿令後悔 若謂吾滅度 非吾弟子 若謂吾不滅度 亦非吾弟子 時百萬億大衆 悉皆契悟[如云 如來 不出世亦無有涅槃也]

🎴 해 설

이 부분에서는 중도를 말씀하고 있습니다. 부처님께서는 본래의 실상자리에 들어가서 설법하고 계십니다. 그 자리에 들어가니까 몸에서 금빛이 나는 것입니다. 우리 의식으로는 느끼지 못하지만, 염불을 하면 세포에서 빛이 발합니다. 굉장히 맑은 기운이 만들어지는 것입니다. 여기서 자마금색이란 물질을 말하는 것이 아니고 실상자리를 상징해서 말하고 있습니다.

진리 당체에서 보면 부처님이 멸했다고 해도 맞지 않고 그렇지 않다고 해도 맞지 않습니다.

왜냐하면 본래 마음은 생하는 것도 없어지는 것도 아닙니다. 바로 실상자리를 말하는 것입니다. 물질이 아니니까 있다, 없다 답을 하면 그르칩니다. 중도가 바로 이것입니다. 있다고 해도 맞지 않고 없다고 해도 맞지 않는 것이 우주의 근본 실상자리입니다.

멸도(滅度)에는 세 가지 뜻이 있다. ① 니르바나를 가리킨다. 깨달음, 깨달음의 경계. 도(度)는 (피안으로) 건너갔다는 뜻. ② 생노병사와 같은 육체적인 커다란 걱정근심이 영원히 사라져서 번뇌의 흐름을 뛰어넘은 것을 말한다. ③ 죽다, 석가모니의 죽음을 의미한다. 불멸(佛滅), 입멸(入滅)의 의미. 여기에서는 세 번째 의미로 해석할 수 있다.

세존께서 니구율(尼拘律) 나무 아래에 앉아 계셨을 때 어떤 상인 두 사람이 다가와서 여쭈었다.

"혹시 수레가 지나는 것을 보셨습니까?"

그러자 세존께서 답하셨다.

"보지 못하였다."

상인들이 다시 여쭈었다.

"그렇다면 수레가 지나가는 소리는 들으셨습니까?"

세존께서 답하셨다.

"듣지 못하였다."

상인들이 다시 여쭈었다.

"혹시 선정에 들어 계셨습니까?"

세존께서 답하셨다.

"선정에 들어있지 않았다."

"주무시고 계셨습니까?"

"자고 있지도 않았다."

이에 상인들은 감탄하며 말하였다.

"참으로 거룩하십니다. 세존이시여! 깨어 있으면서도 보지 않으십니다."

그리고 나서 흰 모직천 두 필을 세존께 바쳤다.[이 말씀은, 몸과 마음이 흙이나 나무와 같아져서 듣고 보는 것이 마치 시각과 청각에 장애 있는 이와도 같았음을 비유한 것과 같다.]

世尊在尼拘律樹下坐次有二 商 人問 還見車過不 曰不見 曰還聞不 曰不聞 曰莫禪

定不 曰不禪定 曰莫睡眠不 曰不睡眠 商人歎曰善哉善哉世尊覺而不見 遂獻白氎 兩

段[如云 身心如土木聞見似盲聾]

🎎 해설

　부처님께서 나무 아래 앉아 계실 때 모든 경계가 끊긴 실상자리에
마음을 두고 있었기 때문에 수레가 지나가는 것을 보지 못했고 듣지도
못한 것입니다. 진리의 실상에 마음을 두는 분에게는 그 자리에 대해
어떤 표현을 해도 답이 아니니까, 선정에 들지 않았다고 말씀하시는
것입니다.

세존께서 앉아 계실 때 발다바라(跋多婆羅)가 함께 수행하던 개사(開士: 보살) 16명과 함께 자리에서 일어나서 세존의 발에 머리를 대고 절을 한 뒤에 이렇게 말하였다.

"스님들이 목욕할 때 예법에 따라 욕실에 들어갔는데 문득 물의 인[水因]을 깨달았습니다. 때를 씻어내는 것도 아니요 또한 몸을 씻는 것도 아니며 그 중간이 편안해져 아무 것도 있지 않다는 것을 체득하였으니 묘한 감촉이 밝아져서 불자주(佛子住)를 이루었습니다."

世尊坐次 跋多婆羅 倂其同伴十六開士 卽從座起 頂禮佛足 而白佛言 於浴僧時 隨例入室 忽悟水因 旣不洗塵 亦不洗體 中間安然 得無所有 妙觸宣明 成佛子住

🎴 해 설

발다바라가 함께 수행하던 개사(대사 또는 보살이란 뜻) 16명과 목욕을 하다 물의 본질을 깨달은 장면입니다. 깨닫고 보니 물이라는 것도 사실은 없다는 것을 깨달았다고 합니다. 본래자리에서 보면 오고 감도 없고 생도 멸함도 없기에 작용만 한 것입니다. 그러니 목욕을 했다고 해도 목욕을 한 것이 아니라는 설명입니다.

물의 인연을 깨닫고 보니 때를 씻어내는 것도 아니요 또한 몸을 씻는 것도 아니며, 그 중간이 편안해져 아무것도 있지 않다는 것을 체득하였으니 묘한 감촉이 분명해서 佛子住(부처님의 아들로서 머무는 것(法王

子住), 최고의 보살을 뜻함)를 이루었다. 즉 도를 깨달았다고 한 것입니다.

수행하는 분들에게 깨달음의 공식이란 따로 없습니다. 꾸준히 정진하시는 분들은 어느 날 어떤 환경에서도 깨칠 수가 있어요. 닭 우는 소리를 듣고 깨치는 분들도 있고, 대나무 밭에 돈을 던졌는데 쫙 갈라지는 소리를 듣고 깨치는 분들도 있고 염불하다가 깨치는 분들도 있어요. 누구든지 열심히 정진하다 보면 깨치는 인연이 반드시 온다는 말입니다.

흑치 범지(黑氏梵志; 혹은 黑齒)가 신통력을 부려 양손에 합환(合歡) 오동꽃 나무 두 그루를 들고 와서는 부처님께 공양하려 하였다. 이에 부처님께서 그를 부르셨다.

"선인(仙人)이여!"

"예!"

그가 대답하자 부처님께서 말씀하셨다.

"내려놓아라."

범지가 왼손에 들고 있던 꽃나무 한 그루를 내려놓자 부처님께서 다시 말씀하셨다.

"선인이여, 내려놓아라."

범지는 오른손에 들고 있던 꽃나무 한 그루까지 마저 내려놓았다. 그런데 부처님은 또 말씀하셨다.

"선인이여, 내려놓아라."

그러자 범지가 여쭈었다.

"세존이시여, 저는 양손에 들고 있던 꽃을 이미 다 내려놓았는데 다시 또 무엇을 내려놓으라는 말씀입니까?"

이에 부처님께서 말씀하셨다.

"나는 네가 들고 있던 꽃을 내려놓으라고 하지 않았다. 밖의 여섯 가지 감각의 대상(六塵, 색 · 소리 · 냄새 · 맛 · 촉감 · 법)과 안의 여섯 가지 감각기관(六根, 눈 · 귀 · 코 · 혀 · 몸 · 의지)과 중간의 여섯 가지 식별(六識, 眼識 · 耳識 · 鼻識 · 舌識 · 身識 · 意識)을 일시에 내려놓으라는 말이었다. 더 이상 버릴 것이 없는 경지에 이르러야 비로소 그대가 생사를 해탈할 수 있을 것이다."

범지는 세존의 이런 말씀을 듣고 크게 깨달았다.

世尊因黑氏梵志 以神通力 左右手擎合歡梧桐花兩株 來供養佛 佛召仙人梵志
應喏佛云放下着 梵志放下左手一株花 佛又召仙人放下着 梵志又放下右手一株花
佛又云 仙人放下着梵志云 世尊 我今兩手花 皆已放下更放下个什麼 佛云吾非令汝
放下手中花 汝今當放下 外六塵內六根中六識一時放下 到無可捨處 是汝脫生死處
梵志於 言下悟去

🏵 해 설

흑치 범지라는 분이 신통력을 부렸다고 하면 깨친 것이 아닌가 생각
할 수 있을 것입니다. 그러나 신통력과 깨달음은 다릅니다. 깨달음의
경지에서 육신통이 열리는 것이 부처님 경지입니다. 범지라는 분은 신
통을 부릴 능력이 있음에도 불구하고 부처님과 이심전심이 안 되는 것
입니다.

이 선문답에서 부처님이 범지에게 내려놓으라는 것은 물건이 아닌,
요리저리 따지고 분별하는 마음입니다. '공양을 하겠다' 는 생각을 내
려놓으라고 부처님께서 말씀하셨지만, 범지라는 분은 이해를 못하는
것이지요. 신통력을 부리는 분이었지만 마음자리에서는 아직 깨닫지
를 못한 것입니다.

신통력이 있지만 깨닫지 못하는 분들이 많았습니다. 부처님께서 가

필라 성을 떠나 인도의 육사외도(부처님 재세시 인도에서 가장 세력이 컸던 여섯 사상가. 아지타 케사캄바라, 산자야 벨라 티풋타, 막카리 고살라, 파쿠다 칼차야나, 푸라나 캇사파, 니간타 나타풋다이다)를 찾아다니며 수행하실 때, 사선정까지 들어가던 분이 계셨지만 윤회를 벗어나지 못했답니다.

우리가 사는 세계와 지옥, 천상세계 육욕천까지 욕심을 끊지 못하고 사는 세계를 욕계라고 합니다. 욕심은 끊어졌지만 물질에 대한 집착이 남아있는 세계를 색계라고 해요. 욕심도 끊고 물질에 대한 집착도 끊은 세계를 무색계천이라고 하지만, 마음이 나라는 생각을 갖고 있다면 윤회를 벗어나지 못한다는 얘깁니다.

부처가 되는 길은 결코 쉬운 게 아닙니다. 그래서 견성성불(見性成佛)이라는 말도 개인적으로 잘못 쓰고 있는 부분이 있다고 생각합니다. '견성'이란 말은 본래 마음인 실상자리를 체험한 것이지 그것을 곧바로 '성불'이라고 하면 안됩니다. 견성한 분이 욕심을 다 끊고 물질에 대한 집착을 다 끊었다고 하더라도 아직 성불은 아닙니다. 그런데 처음 성품을 본 경우에 어찌 성불이라고 할 수 있겠습니까? '성불'이라고 했을 때는 마음이라는 생각까지도 없어지는 경지까지 들어가야 성불입니다. 결코 쉬운 일이 아닙니다. 미륵 부처님께서도 56억 7천만년 후에 사바세계에 오시기까지 계속 수행을 한다고 합니다. 그런 경지에서 부처님께서 범지에게 내려놓으라고 하신 겁니다.

우리는 현실세계에서 사실이 아닌 것을 사실인양 쫓으며 살고 있습니다. 팔십 생을 살아도 살아온 시간을 되돌아보면 꿈을 꾸다 깬 것과 똑같다는 얘기예요. 아무것도 아니라는 것을 그때 깨닫게 된다는 말입니다. 하지만, 지금은 모릅니다. 그래서 우리가 바른 법을 알고 수행을 해야 된다는 것입니다. 바르게 알고 해야지, 모르고 하면 허송세월입니다. 달마스님의 『혈맥론』에서도 "하나의 도리를 모르고 염불하는 것은 윤회의 도리를 벗어날 수 없다"고 말씀하고 계십니다. 성품을 보지 못하고 수행하는 것은 장좌불와를 오십년을 했어도 윤회를 벗어나는 데 아무 도움이 되지 못한다고 말씀하십니다. 이론으로는 본래 나는 생사가 없고 오고 감이 없는 것을 알지만 현실에서는 끄달려가잖아요. 무시이래 익혀온 습을 놓기가 어렵기 때문입니다.

수행자의 입장에서 보면 평생을 아무리 멋지게 살았어도 죽을 때 아무것도 가져갈 수 없습니다. 그러니 멋지게 죽어야 됩니다. 만공 선사는 미리 갈 때를 알고 시자에게 물을 데우라 하시고, 거울 앞에서 "그동안 고생 많았다. 이제 너와 인연이 다 됐으니 너를 벗어주겠다" 하시고 열반에 드셨습니다. 얼마나 멋있습니까? 불자들은 걸림이 없어야 당당해질 수가 있습니다.

가도 가는 게 아니니까 죽을 때도 자식들로 하여금 울고 불고 하게 하면 안됩니다. 우리는 육신을 집으로 살고 있지만, 세월이 흐르면 집이 망가질 수밖에 없어요. 망가지면 떠나는 것입니다. 그렇게 생각하고 잘 죽는 연습을 하셔야 돼요. 가실 때도 '가도 가는 게 아니다' 이렇게 편하게 말씀하고 가실 수 있어야 됩니다. 얼마나 멋지게 가는 것입니까? 그러나 우리가 무시이래 익혀온 습 때문에 쉽지 않다는 말입니다. 그래서 정진을 해야 하는 것입니다.

정진을 하실 때 화두를 들든, 염불을 하든, 주력을 하든 마음은 본래 실상자리에 두어야 한다고 거듭 말씀드렸습니다. '관세음보살'을 염하신다면, 관세음보살을 염하는 그놈이 우주와 하나라는 것을 믿어야 됩니다. 부처님 말씀과 육조 혜능 스님까지는 믿음을 무척 강조합니다. 무조건 부처님이나 조사 스님들 말씀을 믿으라는 이야기입니다.

'관세음보살'을 한마디 하면 업도 맑히고 나아가서는 세상을 맑히는 일이 됩니다. 소멸하는 것이 아니라 탁한 기운들을 맑혀주는 겁니다. 여러분의 불명(佛名)에서도 좋은 기운이 나옵니다. 불명을 불러주면 서로 좋은 이유입니다. 그러니 불자 여러분께서는 서로 불명을 불러주며 신심이 돈독하도록 격려하도록 하십시오.

인도의 조사들

제1조. 가섭 존자

가섭이 게송으로 말하였다.

법이란 법은 본래 법이니

법도 없고, 법 아닌 것도 없네.

어찌 한 가지 법 속에

법이 있고 법 아닌 것이 있으랴.

迦葉頌曰 法法本來法 無法無非法 何於一法中 有法有不法

❀ 해 설

여기서부터는 석가모니 부처님으로부터 법을 받으신 인도의 조사스님들에 대한 가르침을 전하고 있습니다.

부처님의 법을 이은 제1조인 가섭 존자는 부호의 외아들이었습니다. 존자의 어머니께서 결혼을 권유했지만 "나는 어머니와 똑같은 사람이 아니면 결혼을 않겠노라"고 해서, 어렵게 수소문해 결혼을 시켰습니다. 그러나 부부의 연을 맺었지만 손도 잡지 않았답니다. 마침내 가섭 존자는 출가를 허락 받게 됐고, 후에 그 부인도 출가를 하게 됐다고 합니다. 이분은 출가를 하신 후에도 고행 위주로 수행을 하셨습니다.

부처님께서는 가섭 존자에게 세 곳을 통해 법을 전했다는 일화가 전해져 오고 있습니다.

먼저 다자탑 앞에서 가섭 존자에게 자리의 반을 내어준 일화가 있고, 영산회상에서 법을 설하실 때 꽃을 한 송이 보여줌으로써 가섭 존자가 빙그레 웃음으로 답을 한 일화가 있습니다. 마지막으로는 부처님께서 열반하신 후 관 속에서 두발을 내미셨다는 선문답이 있습니다.

다자탑 앞에서 자리를 반 내어준 일화에서 다자탑은 이런 설화를 갖고 있습니다.

어떤 장자에게 아들이 50명 있었는데 자식이 많다 보니 매일 시끄러웠어요. 어느 날 아버지가 아들에게 큰 나무를 하나 끌고 오라고 시켰습니다. 그런데 경사진 자리에서 가지를 잡고 끌고 내려오려 하니까, 지혜로운 어떤 분이 거꾸로 끌고 내려오면 쉽다는 것을 가르쳐주었어요. 거기서 자식들이 깨달은 바가 있어 아버지를 위해서 탑을 세웠는데, 그것이 바로 다자탑입니다.

부처님께서 다자탑 앞에서 법회를 하실 때 많은 대중이 운집했는데 가섭존자가 근처에서 수행을 하셨습니다. 그래서 가섭 존자도 법회에 참석하게 됐는데, 대중은 가섭 존자를 알아보지 못할 정도였다는 것입니다. 머리도 깎지 않고 옷도 너덜너덜한 누더기를 입고 왔기 때문에 다른 분들은 알아보지 못했지만, 부처님께서는 알아보시고 당신 자리의 반을 내어주셨답니다. 이 행위는 부처님께서는 가섭의 법을 당신과 동격으로 인정을 하신 겁니다.

가섭에게 염화미소(拈華微笑: 부처님이 꽃을 들어 보이자 가섭이 미소짓다)의 선문답으로 법을 전한 부처님은 열반에 드시는 순간까지 가섭에게 불교의 정수를 온몸으로 보여줍니다.

부처님께서 열반에 드신 후 먼 곳에서 정진하던 가섭 존자가 곧바로 오지 못하자, 다비를 하려고 해도 불이 붙지를 않았답니다. 가섭 존자가 부랴부랴 도착 했을 때 비로소 부처님께서 관 밖으로 두 발을 쑥 내미셨답니다. 이 일화는 부처님의 마지막 모습을 보고자 하는 가섭 존자의 마음을 아시고 관 밖으로 발을 내미시며 보고 싶은 마음을 전했다는 화두이자 설화입니다.

이렇게 세 곳에서 석가모니 부처님의 법이 가섭 존자에게 전해졌다고 해서 선가에서는 이를 두고 삼처전심(三處傳心)이라고 말합니다.

아난 존자는 부처님의 사촌동생인데, 늦게 출가를 하셨답니다. 부처님께서 55세가 되셨을 때, 비로소 아난 존자가 출가를 했어요. 이때 대중이 아난 존자를 부처님 비서격인 시자로 추천하게 됩니다. 이때 아난 존자는 조건을 붙이셨습니다. 시자로 모시는데 있어서 그동안 법문을 듣지 못한 부분을 다시 모두 설해주실 것을 요청했고, 부처님께서 드시다만 음식이나 옷가지를 절대 아난 존자 자신에게 전해주지 않을 것을 요청하셨답니다. 부처님께서는 조건을 들어주시고 존자는 부처님의 시자가 되었어요.

아난 존자는 부처님께서 한번 법을 설하시게 되면 내용을 다 외울 정도로 총명했다고 합니다. 대단한 총기죠. 부처님께서 열반하신 후 아난 존자가 부처님께서 말씀하신 것을 모두 외울 수는 있었지만 깨닫지는 못했어요. 부처님을 가장 측근에서 그림자처럼 모셨기 때문에 부처님께서 열반하셨을 때 가장 슬프게 우셨던 분이 아난 존자랍니다. 깨닫지를 못했기 때문에 내가 누구를 의지해서 깨달을 수 있을까 하는 생각에 가장 슬프게 우셨다고 합니다.

부처님께서 열반하신 후 재가 불자님들이 간절하게 부처님법문을 듣고싶어 하실 때 아난 존자가 적격이다 해서 아난 존자가 부처님의 말씀을 그대로 전하게 되니, 신도들께서는 '제2의 부처님'이라고 추종을 했답니다. 아난 존자 또한 거기에 심취합니다.

하지만 어느 날 아난 존자가 설법을 할 때 한 스님이 "앵무새가 부처님 흉내를 내는 것과 다르지 않다"고 한 말에 충격을 받습니다. 그래서 발심을 하고 스스로 고행을 택하게 됩니다. 어떤 경전에는 7일 만에 도를 깨쳤다는 내용이 있고 21일 동안 용맹정진을 통해서 도를 깨쳤다는 기록도 있습니다. 그런 분심으로 용맹정진을 해서 아난 존자가 가섭 존자로부터 법을 이어 받은 제2조가 되는 겁니다.

먼저 가섭 존자의 오도송을 보도록 하겠습니다.

법이란 법은 본래 법이니

법이라고 했을 때 본래는 언어를 초월한 자리이니까 말로나 문자로 표현할 수 없지만, 법은 본래 이름이 법이라고 합니다. 본래 실상의 자리를 이름붙일 수가 없으니까 부득이 그 자리를 법이라고 하는 것입니다.

불, 법, 승에 대한 삼귀의에서 '귀의불(歸依佛)'도 마찬가지입니다. 우리가 부처님께 귀의한다고 했을 때, 먼저 귀의할 대상을 생각하지만, 대상이 따로 있는 것은 아닙니다. 또한 '귀의법(歸依法)'이라고 했을 때는 부처님이 말씀하신 팔만사천 대장경을 말할 수도 있지만 우주의 근본 실상인 '하나'의 자리에 돌아가서 의지한다는 의미입니다. 그 하나의 자리를 반야라고 하기도 하고 부처님 법이라고 부르기도 합니다.

'법'이라고 했을 때 초기경전에는 연기법, 인과법 등 여러 가지 법이 있지만 반야부에 와서는 '아함경', '방등경'에서 말씀하신 연기법, 인과법을 부정하십니다. 진짜 법이라고 했을 때는 둘이 아닌 우주의 근본 실상, 문자와 언어로 표현할 수 없는 하나의 마음자리를 법이라고 한다는 뜻입니다. 여기서는 연기법, 인과법, 윤회법이 부정이 되는 것입니다. 왜냐하면 실상자리에서는 물질이 아니니까 생도 없고 멸도 없고 더하고 줄어드는 것, 깨끗하고 더러운 것도 없다고 했잖아요. 그 자리에서는 인과도 없고 윤회도 없고 모든 것이 끊어진 것입니다.

근본이 되는 하나의 마음자리를 두고 이 법을 의지해서 수행할 때가 정도이며 최상승 수행법이라고 말합니다.

우리가 법이라고 했을 때는 둘이 아닌 하나의 법을 이야기 하는 것입니다.

법도 없고 법 아닌 것도 없네

중도를 이야기하는 부분입니다. 실상자리에서는 어떤 표현을 해도 맞지 않으니까 '법이라고 해도 맞지 않고 법이 아니라고 해도 맞지 않다'는 애매모호한 말로 들릴 수도 있을 것입니다.

처음 강의를 시작하며 '체'와 '용'에 대해 아셔야 『직지』내용을 이해하실 수 있다고 말씀드린바 있습니다.

'용'은 물질의 세계를 말하는 것인데, 현상세계는 모양이 없는 곳에서 작용을 통해서 나왔기 때문에 현실의 세계도 본래는 사실이 아님을 뜻합니다. 우리가 느끼지 못할 뿐이지, 물질의 세계는 빠른 속도로 진동을 하고 있습니다. 진동에 의해서 우리가 느끼는 것처럼 착각할 뿐 사실이 아닙니다. 그래서 본래 언어로 표현할 수 없는 자리를 '체'라 하고 모양이 없는 곳에서 작용을 통해 나온 현상계를 '용'이라고 부릅니다. 그리고 '용'과 '체'는 둘인 것 같지만 하나라는 말입니다.

『반야심경』에서도 '색즉시공 공즉시색'이라고 하지요. '공'이라는 것은 우주의 근본인 '체'를 얘기하는 거예요. 중생들이 보는 세계는 모든 게 둘로 나누어지잖습니까. 그러나 깨침의 세계에서는 나눌 수가 없습니다.

중생을 교화하는 차원에서 법이라고 했을 때 그 자리를 법이라고 하는 것이고 실상에서는 어떤 표현도 할 수 없기 때문에 법을 절대적으로 생각하면 집착입니다. 이렇다 저렇다 생각을 낸다면 번뇌입니다.

한 스님이 운문 스님을 찾아가서 "불교의 대의가 무엇입니까?" 하고 물었을 때, 운문 스님이 "마른 똥 막대기"라고 대답을 해주셨어요.

이분이 언어로 표현할 수 없는 '체'를 모르고 물질에 의해 생겨나는 현상 세계인 '용'을 물었던 거예요. 그러니 '용' 차원에서 대답을 하신 거예요. 불교의 대의나 마른 똥 막대기나 둘이 아닌 하나이니까, 불교의 대의가 마른 똥 막대기라고 답을 하신 것입니다.

이것을 잘못 이해하면 '어찌 불교의 대의가 마른 똥 막대기냐' 고 비판할 수도 있을 것입니다. 그래서 선문답이라고 할 수 있는 거예요. '왜 불교의 대의를 똥 막대기라고 했을까?' 하고 의심이 생긴다면 화두의 원리가 성립되는 것입니다. 선문답을 통해 이 도리를 알았다면 곧바로 깨칠 수도 있는 것이고, 모르면 의문이 생기는 법입니다.

이와 같이 가섭 존자의 게송에서도 '체'와 '용'에 대해서 말씀하고 있습니다. '체'에서는 어떤 표현도 할수 없기 때문에 법이라고 해도 맞지 않고 법이 아니라고 해도 맞지 않는다는 뜻입니다. 교리적으로는 중도를 설하고 있다고 보는 것입니다.

어찌 한 가지 법 속에 법과 법 아니 것이 있으랴

'체'의 차원에서는 있다 없다 대답을 한다면 그르친 답이 된다고 했습니다. '체'에 대해서는 우리가 다양한 표현들을 사용하곤 합니다. 부처님, 법, 진여, 진공, 공, 중도, 선이나 온갖 명사를 붙여놓았습니다. 이것을 이해 못하시는 분들은 따로 나누어 생각하지만 절대 따로 나누어진 것이 아니고 표현만 달리 했을 뿐, 본래의 실상자리는 절대 다르지 않습니다. 이것은 중도를 알아야 이해하실 수가 있습니다. '법과 법 아니 것이 있으랴' 이 부분이 바로 중도 실상 차원에서 표현한 부분입니다.

제2조. 아난 존자

보(譜)에서는 "교(敎)의 바다를 아난 존자의 입에 쏟아 주시고, 선(禪)의 등불을 가섭 존자의 마음에 불 밝히셨다. 그러므로 아난이 가섭에게 '세존께서 금란(金襴)의 가사 외에 별도로 어떤 가르침을 전해 주셨습니까' 라고 물었을 때, 가섭이 아난을 불렀다.

"아난이여!"

"예!"

아난이 대답하자 가섭이 말하였다.

"저 문밖에 서 있는 찰간(刹竿)을 쓰러뜨리시오."

[나는, 두 존자가 깊은 이치에 함께 통하지 못하자 분명하게 부르고 진실하게 응답한 것으로, 그 가운데에 빛깔과 소리와 언어가 갖추어져 있으니 이것이 바로 최초의 선이라고 생각한다.]

譜云 敎海瀉阿難之口 禪燈點迦葉之心 故阿難問迦葉 世尊傳金 襴外別傳何法 迦
葉召阿難 阿難應 喏迦 葉云倒 却門前刹竿着[私曰二尊不 並化 喚處分明應處眞
个中具色聲言語也 最初禪也]

😎 해설

　부처님께서 말씀하신 팔만 가지의 경은 아난 존자가 모두 외워서 후
세에 전했습니다. 그리고 부처님 깨달음의 실상세계는 가섭 존자가 법
을 전해 주신 것으로 우리가 이해하고 있습니다. 물론 후에는 아난 존
자도 도를 깨쳐서 똑같은 법을 전해 주셨기 때문에 경을 보시면 '여시
아문(如是我聞)' 이렇게 시작됨을 지금도 볼 수 있습니다. '여시'라고
했을 때, '같을 여' 자를 씁니다. 이것은 부처님께서 말씀하신 것을 그
대로 외워서 적어놓았다는 뜻이 아니고 부처님께서 깨달은 세계를 아
난 존자도 똑같이 깨달음의 세계에서 표현했다고 이해하셔야 됩니다.

　보(譜)란 것은 불교사전부에 보면 석가보(釋迦譜)라는 것이 나오는데 그것은 석가모니의 족
보를 말한 것으로, 지금 나온 말은 거기에는 나오지 않고 〈선문염송〉 3권에 나오는 말을 따온
것이다.

　위의 선문답은 아난 존자가 아직 깨우치지 못했을 때의 대화입니다.
그렇기 때문에 아난 존자가 '부처님으로부터 깨달음의 증표로 가사
외의 무엇을 또 받은 것이 없습니까?' 하고 가섭 존자에게 물은 것이죠.

이때 가섭 존자가 아난을 부른 후, "저 문앞의 찰간(절의 앞에 돌이나 쇠로 만들어 높이 세운 기둥)을 넘어뜨려라"하고 말씀하셨어요. 아직 아난 존자가 상이 남아 있으니 상을 버리라는 뜻입니다. '왜 문앞의 찰간을 넘어뜨리라고 했을까?' 하고 의심이 생긴다면, 간화선 수행자들에게는 화두가 되기도 합니다. 나중에 아난 존자도 고행을 통해 눈을 뜨시고 가섭 존자로부터 법을 이어받으셨기 때문에 부처님으로부터 제2의 조사가 됩니다.

가섭 존자가 석가모니로부터 법을 전수받은 제1조이고, 아난 존자가 제2조이다. 아난 존자가 제3조인 상나화수(商那和修)에게 전한 게송은 다음과 같다. "본래 부촉할 때엔 법이 있었는데(本來付有法) 부촉한 뒤에는 법이 없다고 말하네(付了言無法). 각각 스스로 깨달아야 하니(各各須自悟) 깨달은 뒤에 법 없음 또한 없네(悟了無無法)."

제3조. 상나화수 존자

제3조 상나화수(商那和脩) 존자는 우바국다(優波鞠多)를 만나 시자로 삼았는데 존자가 우바국다에게 물었다.

"몇 살이냐?"

우바국다가 답하였다.

"이제 열일곱 살입니다."

상나화수 존자가 다시 물었다.

"그대의 몸이 열일곱 살인가, 그대의 성품이 열일곱 살인가?"

그러자 우바국다가 반문하였다.

"스승님은 머리가 이미 백발이신데 머리카락이 희신 것입니까, 마음이 희신 것입니까?"

상나화수 존자가 대답하였다.

"나는 머리카락만 희었을 뿐 마음까지 센 것은 아니다."

이에 우바국다가 답하였다.

"저도 몸만 열일곱 살이지, 성품까지 열일곱 살인 것은 아닙니다."

그러자 존자는 우바국다가 법기임을 알아차리고 그를 출가시켜 구족계를 주었다. 그리고 말하였다.

"옛날에 여래가 위없는 정법안장을 가섭 존자께 맡기신 이래로 그것이 대대로 전해 내려와 이제 나에게 이르렀다. 내가 이제 그대에게 맡기니 그대는 그것이 끊어지지 않도록 잘 지키고 보호하라. 그리고 나의 게송을 들어라."

그리고나서 상나화수 존자는 다음과 같이 게송을 하였다.

> 법도 아니며 마음도 아니니
> 마음도 없으며 법도 없네.
> 이 마음법을 말로 설명하려들 때
> 이 법은 이미 마음법이 아니네.

第三祖 商那和脩 得優波鞠多 以爲給侍 因問曰 汝年幾耶 答曰我年十七師曰汝身十七 汝性十七耶 答曰師髮已白 爲髮白耶心白耶 師答曰但髮白也 非心白耳 鞠多曰我身十七 非性十七也 師知是法器 遂爲出家受具乃告曰 昔如來以無上法藏 付囑迦葉轉轉相授而至於我 我今付汝 勿令斷絶 聽吾偈曰 非法亦非心 無心亦無法 說是心法時 是法非心法

✿ 해설

 아난 존자로부터 법을 이어받으신 상나화수 존자가 우바국다를 만나 선문답을 통해 점검하는 내용입니다.

 상나화수는 자연복(自然服) · 태의(胎衣) · 마의(麻衣)라 번역함. 성은 비사다(毘舍多). 서천(西天) 부법장(付法藏) 제3조. 마돌라국(摩突羅國) 출신. 아난의 법을 이어받음. 우바국다에게 법을 전한 뒤 계빈국(罽賓國) 상백산(象白山)에 은거함. 〈전등록〉에 의하면 주(周) 선왕(宣王) 37년(B.C 806)에 입적하였다고 함.

 상나화수 존자는 나이가 많았던 분인데 우바국다를 시자로 삼으며 묻는 것이죠. 여기서 "몇 살인가?"하고 묻는 것은 바로 그의 근기를 묻는 것입니다. 나이를 묻는 것이지만 서로 실상에 마음을 두고 주고 받는 선문답입니다.

 우바국다는 이미 성품이 자기의 주인공이란 것을 알아차리고 대답을 하고 있습니다. 우리는 육신을 위주로 살기 때문에 현실적인 대화를 하지만 진리의 세계에서는 실상에 마음을 두고 대화가 오고 간다는 사실을 알 수 있어요. 우바국다는 과거 생에 많은 수행을 하신 분이기에 상나화수 존자의 마음을 알아차리고 근본 실상에 대한 대화를 통해 진리에 대한 안목을 인정받은 것입니다.

 게송을 보도록 하겠습니다.

법도 아니며 마음도 아니니

마음도 없으며 법도 없네.

이 마음법을 말로 설명하려들 때

이 법은 이미 마음법이 아니네.

이 게송은 '체'의 입장에서 표현한 말씀입니다. 어떤 표현을 해도 맞지 않으니까 법이라고 해도 맞지 않고 마음이라고 해도 맞지 않습니다.

부처님께서 49년 동안 설법을 하시고 나서 "한마디도 하지 않았다"고 하신 이유도 진리를 말로 드러낼 수 없으니까 그렇게 표현하신 것입니다. 조사스님들도 실상을 말로 표현할 수 없다는 말씀을 하고 있습니다. 법을 전하는 것은 마음과 마음을 통해 이심전심으로 전해지기 마련입니다. 문자나 언어로 표현할 수 없기 때문입니다.

제4조. 우바국다 존자

제4조 우바국다(優波鞠多)는 20세에 출가하여 도를 깨닫고 나서 여러 지방으로 교화를 다니면서 수많은 중생들을 제도하였다. 마지막으로 제도한 이가 향중(香衆)이라는 장자였는데, 그는 미묘한 진리를 찾아 출가할 뜻이 간절하였다. 우바국다 존자가 향중에게 물었다.

"그대는 몸으로 출가를 하려하오, 마음으로 출가하려하오?"
향중이 답하였다.
"저는 몸이나 마음으로 출가하려는 것이 아닙니다."
존자가 다시 물었다.
"몸이나 마음으로 출가하려는 것이 아니라면 대체 무엇이 출가를 하고자 하는 것이오?"

향중은 답하였다.

"출가라고 하는 것에는 나(我)와 나(我)가 없습니다. 나와 나가 없기 때문에 곧 마음이 생멸하지 않고, 생하거나 멸하지 않으면 그것이 곧 항상하는 도인 것입니다. 여러 부처님들도 항상하셨고, 마음에는 형상이 없고 그 본체 또한 그렇습니다."

이에 우바국다 존자는 말하였다.

"그대는 장차 크게 깨달아 마음이 저절로 통달될 것이니, 불법승 삼보에 의지해서 머물러야만 할 것이다."

그리고나서 우바국다 존자는 향중을 출가시키고 구족계를 주었다. 아울러 존자는 그에게 법을 부촉한 뒤에 게송으로 말하였다.

마음은 본래부터 마음인 것이니

본래의 마음에는 법이 있지 않네.

법이 있고 본래의 마음도 있다면

마음도 아니고 본래의 법도 아니네.

第四祖優波鞠多者 二十出家證果 隨方行化 度無量衆 最後有一長者 名香衆 志求妙道出家 尊者問曰 汝身出家 汝心出家答曰我來出家 非爲身心 尊者曰 不爲身心 復誰出家 曰夫出家者 無我我故 無我我故 卽心不生滅 不生滅卽是常道 諸佛亦常 心無形相 其體亦然 尊者曰 汝當大悟心自通達 宜依佛法僧住 卽爲剃度受具 卽付法偈曰 心自本來心 本心非有法 有法有本心 非心非本法

❀ 해설

　여기서 장자라는 표현이 나오니까, 인도의 사성계급(바라문, 찰제리, 바이샤, 수드라)에 대해서 잠시 설명을 드리고자 합니다.

　사성계급은 인도를 점령한 아리안족이 원주민들을 지배하기 위해서 브라만이라는 신을 설정하고 사람들을 계급에 따라 통치하고자 한 제도에서 유래한 것입니다. 아리안족들은 스스로 '우리는 브라만이라는 신의 입을 통해서 태어난 사람'이라고 주장했습니다. 브라만 계급 다음을 찰제리('크샤트리아'라고도 함)라고 설정해 놓았는데 신의 어깨로 태어난 계급이라고 말하고, 바이샤족들은 평민들로 인정을 해 놓았습니다. 노예인 수드라족, 그 다음에는 사성계급에도 미치지 못하는 아주 험한 일을 하는 전다라라는 계급이 있습니다. 바라문 계급에 있는 사람들이 브라만 신을 모시는 일을 주관하고 출가를 해서 수행하는 바라문족이 되었습니다. 찰제리는 나라를 위해서 일하는 국왕이나 정치인, 무인들로 정해 놓은 것입니다.

　석가모니 부처님도 찰제리족이었어요. 지금도 인도에는 이런 계급이 존재하는 곳이 적지 않습니다. 불교가 시작된 곳이지만 불교가 다른 종교에 의해서 탄압을 받고 전멸하다시피 했는데, 요즘은 다시 불교가 상당히 많이 일어나고 있어요. 왜냐하면 불교는 평등사상을 주장해서 현대의 민주주의 이념과도 부합하기 때문입니다. 부처님의 교리는 인간은 태어날 때 존귀하고 천함이 정해진 것이 아니라는 만인의 평등함을 주장하고 있습니다. 아무리 높은 계급으로 태어났어도 남에게 나쁜 짓을 한다면 누가 그 사람을 존경하겠습니까? 그 사람의 성품에 따라서 존경을 받고 못 받는 것이지 정해진 것이 아니라는 이야기입니다. 하지만 그 시대에는 평등사상이 좋기는 좋은데, 현실적으로는 잘 안됐습니다. 그러니 그때 신분을 비관해서 자살하는 소동이 일어나기도 했던 것입니다.

당시 인도에는 아무리 열심히 살려고 해도 천민을 벗어날 수 없는 계급이 많았습니다. 부처님께서 그때 설하신 것이 「아미타경」입니다. 여러 가지 다양한 장례법이 있었지만, 부처님께서는 일념으로 「아미타경」을 염하면 극락에 태어날 수 있다고 말씀하신 겁니다.

얼마나 훌륭한 가르침입니까?

본문에서 '장자'라는 분들은 정상적으로 태어난 중산층의 평민들을 가리킵니다. 장사를 해서 많은 부를 누리는 분들이었어요.

제4조 우바국다는 20세에 출가하여 깨달음을 얻은 후 여러 지방으로 다니면서 교화하여 수많은 중생들을 제도하였습니다. 최후에 미묘한 진리를 찾아 출가할 뜻이 간절한 향중이라는 장자를 만나서 진리차원에서 근기를 물어보시는 부분입니다.

우바국다는 근호(近護) · 근장(近藏) · 무상(無相)이라 번역. 서천(西天) 부법장(付法藏) 제4조. 상나화수에게서 수행하여 아라한과를 얻고 아육왕(阿育王)에게 설법.

향중이라는 장자가 하는 말을 들어보면 재가자이면서도 도의 경지를 초월해서 말씀을 하고 계십니다. 진정한 출가의 의미는 머리 깎은 형상에 있는 것이 아니라, 정말로 깨닫고자 하는 마음에 있다는 것입니다. 있다 없다는 관념이 끊어진 자리, 바로 '체'에서 대답을 하고 계십니다. 본래의 실상은 생과 멸이 없어서 눈을 뜨신 분 입장에서는 부처 아닌 게 없습니다. 우바국다가 향중 장자에게 "불법승 삼보에 의지해서 머물러라" 한 것은 언어로 표현할 수 없는 자리로 돌아가서 의지해야 된다는 말씀입니다.

둘이 아닌 하나의 자리에 돌아가서 의지하는 것이 '법'입니다. 어떤 표현도 '하나(일심)'의 자리로 귀결이 되어야 합니다. '하나'의 자리를 떠나면 모두 외도입니다. 법이라고 할 수 없어요. 불법승 삼보는 결국 하나의 자리입니다.

우바국다가 향중이라는 장자를 만나서 스승과 제자의 인연이 된 것도 하나가 된 것입니다. 스승을 만나 과거 생에 수행했던 도력이 활짝 열린 사실을 알 수 있습니다.

마음은 본래부터 마음이요

여기서 마음이라고 했을 때는 바로 '용' 차원에서 말씀하고 계시는 부분입니다. 이름이 마음이라는 얘깁니다.

본래의 마음에는 법이 있지 않네

본래자리에서는 어떤 이름도 붙일 수가 없기 때문에 법이라는 명칭도 붙을 수가 없습니다.

법이 있고 본래의 마음도 있다면

마음도 아니고 본래의 법도 아니네

만약에 법이라는 것이 있고 마음이라는 것이 있다면 마음도 아니고 법도 아니라는 말입니다. 있다고 입을 뗀다면 바로 그르치는 것입니다. 명칭, 개념, 고정관념과 같은 상이 남아있기 때문입니다. 실상인 '체'에서는 마음이라고 해도 맞지 않고 법이라고 해도 맞지 않다는 것을 이해하시면 되겠습니다.

제5조. 제다가 존자

제5조 제다가(提多迦) 존자는 중국말로 통진량(通眞量)이라 하는데 어느 날 존자가 미차가(彌遮迦)에게 이렇게 말하였다.

"옛날 여래가 큰 정법안장을 가섭 존자에게 부촉하신 이래 그것이 대를 이어서 전해와 나에게 이르렀소. 나는 이제 그것을 그대에게 부촉하고자 하니 그대는 항상 잘 지켜야 하오."

그리고 나서 게송으로 말하였다.

> 본법(本法)의 마음을 통달하게 되면
> 법인 것도 법 아닌 것도 없네.
> 깨달으면 그것은 깨닫기 전과 같으니
> 마음도 법도 없는 것이네.

제다가 존자는 게송을 마친 뒤에 허공으로 날아올라 열 여덟 가지의 변화[十八變]를 보인 뒤에 화화삼매(化火三昧)로 스스로 몸을 태웠다.

第五祖提多迦者 此云通眞量也 尊者謂彌遮迦曰 昔如來以大法藏 付囑迦葉 轉轉相授 而至於我 我今付汝 汝當護念 偈曰 通達本法心 無法無非法 悟了同未悟 無心亦無法 說偈已 踊身虛空 作十八變 化火三昧 自焚其身

✿ 해 설

제다가 존자가 부처님으로부터 받은 정법안장을 제자인 미차가에게 전하는 과정입니다. 깨달음의 게송으로 진리의 세계를 전하는 것입니다.

제다가는 유괴(有媿)라고 번역. 서천(西天) 부법장(付法藏) 제5조. 중인도에 머물면서 대중을 교화하고 미차가에게 법을 부촉.

근본인 법과 마음을 통달하면 법도 법 아닌 것도 없네

우주의 근본실상, 둘이 아닌 하나의 자리를 '법'이라고 이름붙인 것이고, 그 마음을 통달하여 근본 마음자리를 깨닫고 보면 이 우주가 모두 법이라는 게송입니다.

성철 스님께서 설한 "보이는 만물은 관음이요, 들리는 소리는 묘음"이라는 말과 똑같은 표현입니다. 본질이 작용을 통해서 나타나는 형상이어서 눈에 보이고 귀에 들리는 모든 것이 관세음보살님, 부처님이라는 설법입니다. 근본 실상은 언어로 표현할 수 없지만 부득이 인격적으로 '부처님'이라고 부릅니다. 비유하자면 얼음과 물이 둘인 것 같지만 원래는 하나입니다. 물이 찬 기운을 만나면 얼음이 되고 따뜻한 기운을 만나면 다시 물이 되듯이 물과 얼음은 결국 하나입니다.

그와 마찬가지로 본질을 부처님이라 부른다면 부처님이 인연을 따라 진동을 통해 나타나는 현상계도 역시 부처님이라는 뜻입니다. 진리 차원에서 보면 부처 아닌 게 없고 진리 아닌 게 없다는 말입니다. 이 진여의 자리를 이해하신다면 어떤 경이든 바르게 공부하실 수가 있어요.

깨닫고 나면 깨닫기 전과 같으니

깨닫고 나면 깨닫기 전과 다른 것이 아니고, 거꾸로 된 한 생각만 바로 돌렸던 것입니다. 석가모니 부처님께서도 별을 보고 깨닫고 보니, 본래 실상자리에서는 별이라는 것도 이름에 지나지 않는다고 말씀하셨습니다.

마음도 없고 법도 없다네

실상인 '체'의 입장에서 말씀하고 있는 부분입니다. 실상에서는 마음이라고 해도 맞지 않고 법이라고 해도 맞지 않으니, 마음도 법도 없다고 말씀하십니다.

제다가 존자는 게송을 말한 뒤에 허공으로 날아올라 열여덟 가지의 변화를 보인 뒤에 화화삼매로 스스로 몸을 태웠습니다. 공중으로 솟구쳐 올라가서 다양한 신통력을 부린 거예요. 스스로 자기 몸에 불을 일으키는 삼매입니다. 이것을 화광삼매라고 하는데, 공중에서 자기 몸을 분해시켜 버리는 불사입니다.

18가지 변화는 불·보살이 나타내는 열여덟 가지 불가사의한 신통력을 말한다. 〈유가사지론(瑜伽師地論)〉 제37권에 있음. 진동(震動)·치연(熾然)·유포(流布)·시현(示現)·전변(轉變)·왕래(往來)·권(卷)·서(舒)·중상입신(衆像入身)·동류왕취(同類往趣)·은(隱)·현(顯)·소작자재(所作自在)·제타신통(制他神通)·능시변재(能施辯才)·능시억념(能施憶念)·능시안락(能施安樂)·방대광명(放大光明). 또 〈법화경(法華經)〉 엄왕품에도 있음.

제6조. 미차가 존자

제6조 미차가(彌遮迦) 존자는 북천축국으로 교화하러 갔다. 존자는 망루 위에 금 빛 찬란한 상서로운 구름을 보고 감탄을 하며 말했다.

"반드시 나의 법을 계승할 위대한 인물이 있을 것이다."

그리고 나서 존자는 성안으로 들어갔는데 어떤 사람이 술병을 들고 맞은편에서 와 이렇게 물었다.

"스님, 어디에서 오셨습니까, 또 어디로 가시는 길이십니까?"

미차가 존자가 답하였다.

"내 마음에서 와서 정처없이 가려고 하오."

그 사람이 다시 물었다.

"스님은 제가 누군지 아시겠습니까?"

존자가 답하였다.

"나라고 하면 알지 못할 것이며, 안다고 하면 내가 아닐 것이오. 그대의 성명이나 말해주오. 그러면 나도 본래의 인연을 말해 주겠소."

그러자 그 사람은 다음과 같은 게송으로 대답하였다.

저는 한량없는 겁으로부터
이 나라에 오기까지
본래 성은 바라타(頗羅墮)이고
이름은 바수밀(波須密)입니다.

이에 미차가 존자가 말하였다.

"옛날 세존께서 북인도를 지나시다가 아난 존자에게 '내가 열반에 들고서 300년이 지난 후에 이 나라에는 성은 바라타이고, 이름은 바수밀이라는 성인이 나타나서 선(禪)의 일곱 번째 조사가 될 것' 이라고 예언을 하신 적이 있소."

그가 말하였다.

"지금 스님의 말씀이 저를 가리키고 있습니다. 그러니 제발 저를 출가시켜 주십시오."

미차가 존자는 이내 그의 머리를 깎고 구족계를 주었다. 그리고 나서 존자는 말하였다.

"이제 정법안장을 그대에게 부촉하니 끊어지지 않도록 해야 하리라."

그리고 다음과 같이 게송으로 말하였다.

마음도 없고 얻을 것도 없으니

얻는다고 말한다면 법이 아니네.

마음이 마음 아닌 줄 밝게 안다면

비로소 마음과 마음의 법을 알게 되리라.

존자는 게송을 마친 뒤에 화화삼매로 스스로 몸을 태웠다.

第六祖彌遮迦 行化北天竺國 見雉堞上有金色祥雲 嘆曰必有大人 爲吾嗣法 乃入城有一人手持酒器 逆而問曰 師何方而來 欲往何所 師曰從自心來 欲往無處 曰師知我否 師曰我卽不識 識卽非我 又謂曰 汝試自稱名氏 吾當後示本因 彼人說偈而答 我從無量劫 至于生此國 本姓頗羅墮 名字波須密 師曰世尊 昔遊北印度語阿難言 此國中吾滅後三百年 有一聖 姓頗羅墮 名波須密 而於禪祖 當得第七 曰今符師說 願加度脫 師卽與披剃授具 乃曰正法眼藏 今付於汝勿令斷絶 乃說偈曰 無心無可得 說得不名法 若了心非心 始解心心法 師說偈已 化火自焚

🎱 해 설

　제6조 미차가 존자는 북천축국에서 교화를 펴다가 망루위에 금빛
찬란한 상서로운 구름이 떠 있는 것을 보고 감탄했다고 하는데, 상서
로운 구름이라는 것도 눈을 뜨지 않은 분은 볼 수 없습니다. 일반인의
눈에는 보이지 않지만 수행을 많이 하시는 분들은 염불을 하는 순간순

간 금빛이 발합니다. 바수밀이라는 분은 술을 많이 드시는 분이셨지만, 전생에 수행을 많이 하셨기 때문에 상서로운 기운이 그를 감싸고 있었다는 말입니다.

미차가 존자는 서천(西天) 부법장(付法藏) 제6조이다. 처음에는 8천 명의 대선(大仙)을 이끈 우두머리였지만 제다가 존자를 만나 무리들과 함께 보리심을 발하여 제자가 됨. 〈전등록〉에 의하면 주(周) 양왕(襄王) 17년(BC 637년)에 입적했다고 함.

바수밀이 "스님, 어디서 오시며 어디로 가시려 하십니까?" 하고 물었을 때 미차가 존자가 "나는 마음에서 오며, 가고자 해도 갈 곳이 없네" 하고 답했습니다. 미차가 존자의 법문은 마음이 동해서 움직이고 있지만, 본래 마음은 오고 가는 것이 아니니까 갈 곳이 따로 정해진 곳이 없다는 말입니다.

바수밀이 "스님은 저를 아십니까?" 하고 질문할 때 '저'는 바로 '체'의 자리를 묻는 것입니다. '저의 본래자리를 아십니까?' 이런 뜻을 담은 질문입니다.

그 자리는 입을 떼면 답이 아니라고 했습니다. 그래서 여기에 대한 답으로 미차가 존자는 "나는 알지 못한다. 안다고 하면 내가 아닐 것이다"라고 대답하신 것입니다.

본래 마음에서는 안다고 하면 정답이 아니잖아요. 술병을 든 나(바수밀)와 미차가의 나는 하나이고, 나라고 하면 언어로 표현할 수 없는 자리이니까 '나가 없다'고 말하는 것입니다.

마음이 없어서 얻을 것도 없으니

얻은 것이 있다면 법이라 할 수 없네

마음이 마음 아닌 줄 깨달으면

비로서 마음과 마음의 법을 알리라

    본래의 마음자리인 반야 차원에서 비추어 보면 마음이라는 것도 없
으니 『반야심경』에서 '무지역무득(無智亦無得)'이라고 했습니다. 지혜
도 없고 얻을 것도 없는 실상인 '체'의 자리에서 말씀하시는 부분입니
다. 여기에서 얻는다는 것은 둘이 아닌 하나의 자리에 눈뜨는 것을 말
합니다. 진여자성에 대해 어떤 표현도 할 수 없는 도리를 깨닫게 되면
실상을 바로 알게 된다는 뜻입니다.

제7조. 바수밀 존자

제7조 바수밀(波須密) 존자는 미차가 존자를 만나 여래의 옛 예언을 전해 듣고서 전생의 인연을 스스로 잘 살핀 뒤에 나아가 (불타난제 존자를) 출가시켜 구족계를 주었다. 그 후에 바수밀 존자는 다시금 "여래의 정법안장을 내 이제 그대에게 부촉하니, 그대는 잘 지니고 수호하라" 고 당부한 뒤에 게송으로 말하였다.

마음은 허공계와도 같으니

허공과 같은 법을 보이는 것이다.

허공을 증득할 때

옳은 법도 그른 법도 없으리라.

존자는 게송을 마치자 이내 삼매에 들어 열반의 모습을 나타내었다.

第七祖波須密 遇彌遮迦尊者 宣如來往誌 自省前緣 乃出家授具 復告曰如來正法眼藏 我今付汝 汝當守持乃說偈曰 心同虛空界 示等虛空法 證得虛空時 無是無非法 說偈已 卽入三昧 示涅槃相

❀ 해 설

불교 공부는 한마디로 마음을 참구하는 참선입니다. 앞에서 언어로 표현할 수 없는 '체'의 자리를 인격적으로 부처님이라고 부른다고 했습니다. 우주의 근본실상, 진공묘유의 자리를 선이라고 합니다. 참선(參禪)이라고 했을 때 '참'자는 '참구할 참'자를 씁니다. 우주의 근본실상을 마음에 두고 그 자리를 깨닫기 위하여 참구하는 것이 참선인 것입니다.

불교 공부는 기도하는 것이 아니라 참선하는 것임을 거듭 유념해야 합니다. 간화선은 언어로 표현할 수 없는 자리를 의심하는 것이고, 의심이 성성(惺惺: 고요하고 슬기로운 모습)하게 생긴다면 아주 빠른 공부법이 됩니다. 그러나 근기가 수승하지 않거나, 과거에 수행을 많이 하지 않았으면 화두 의심이 쉽게 들리지는 않습니다. 의심이 되지 않을 때는 진여자성의 자리에 마음을 두고 정진을 하는 것입니다.

조사선 수행법을 성철 스님께서는 돈오돈수(頓悟頓修: 단박 깨치고 단박 닦음)로 주장하셨고, 보조국사께서는 돈오점수(頓悟漸修: 단박 깨치고 점차 닦음)를 말씀하셨는데 학자들 간에 논쟁이 있었어요. 그러나 돈오돈수와 돈오점수는 논쟁할 부분이 아닙니다. 돈오돈수는 조사선 차원에서 말씀을 하시는 거예요. 돈오돈수는 우주실상자리에 마음을 두고 정진을 하는 것인데, 만약 닦는다는 생각을 한다면 벌써 어긋나는 것입니다. 실상을 깨달았지만 전생의 습기는 남아있기에, 습기를 녹이기 위해서 닦아나가는 것을 돈오점수라고 하는 것입니다. 성철 스님께서 주장하신 돈오돈수 법은 닦기는 닦되 닦는다는 생각도 없어야 됩니다. 실상자리에 마음을 두고 있으면 어떤 생각을 해도 번뇌이니까, 수행을 하고 있다는 생각도 없어야 된다는 것입니다.

우리는 우주의 근본 실상을 이해하고 있는데 이것은 해오(解悟)입니다. 수행을 통해서 깨달았을 때 돈오라는 표현을 쓰는 겁니다. 조사선 수행에서는 해오가 되든 돈오가 되든 그 자리에 대해 의심하는 것이 아니라 믿는 것입니다.

우주를 그대로 하나의 마음으로 보고 정진해나가는 것이 바라밀행이고, 바라밀이 대승의 수행법입니다. 개인적이 해탈을 강조하는 성문승과 연각승의 수행을 소승수행이라고 하는데, 우리가 우주를 하나로 보고 수행한다고 했을 때는 대승의 길로 가는 거예요. 대승이 곧 반야바라밀행이라고 이야기하는 것입니다. 관세음보살을 찾든 지장보살을 찾든 우주와 하나라는 믿음을 갖고 정진하는 것이 바라밀수행이라는 것입니다.

선종의 제7조인 바수밀 존자는 석가모니 부처님께서 이미 예언하신 분이십니다. 조사스님들이 제자에게 법을 전할 때는 둘이 아닌 하나의 자리에 대해 서로 마음이 통합될 때 이심전심으로 법이 전해지는 것입니다. 그래서 그 경지를 여래라고 표현하기도 합니다.

바수밀은 바수밀다(婆須蜜多)·화수밀다(和須蜜多)라고도 한다. 세우(世友)·천우(天友)라 번역. 서천(西天) 부법장(付法藏) 제7조. 항상 술에 취해서 노래를 부르고 다니는 광인(狂人)이 있었는데 우연히 미차가를 만나 출가하여 그의 법을 잇는다. 제4결집 때 상수(上首)가 되어 〈대비바사론〉을 편집하였다고 함. 〈전등록〉에 의하면 주(周) 정왕(定王) 19년 입적했다고 한다.

마음은 허공계와도 같기에

허공이라는 것은 우리가 사는 공간 세계를 말하는데, 육안으로 볼 수 없을 뿐 생명체로 꽉 차있습니다. 텅 비었다는 표현을 쓰기도 하는데 사실 텅 빈 게 아닙니다. 진리 차원에서 공이라는 말은 텅 빈 게 아니라 생명으로 꽉 차 있습니다. 마음이 있지만 볼 수 없듯이 공간이라는 세계도 생명으로 꽉 차 있지만 볼 수는 없어요. 그래서 '텅 빈 충만'이라는 표현을 쓰기도 합니다.

표현만 다를 뿐 마음과 생명은 다르지 않습니다. 마음이 있기에 생명으로서 존중을 받는 것이고 마음이 빠져나가면 생명이 아닙니다. 육안으로 보면 경계가 있지만 마음으로 보면 경계가 다 끊어진 거예요. 이분은 깨달았기 때문에 '마음과 허공은 둘이 아닌 하나'라고 말씀하고 계십니다.

제8조. 불타난제 존자

제8조 불타난제(佛陀難提) 존자는 처음 바수밀 존자를 만나 가르침을 받고 출가하였다. 그는 후에 교화하러 떠나 제가국(提加國)의 성에 있는 비사라(毘舍羅)라는 사람의 집에 이르렀을 때 그 집 지붕 위에서 흰 광명이 솟구치는 것을 보고 제자들에게 말하였다.

"틀림없이 이 집에 성인이 있을 것이다. 말을 하지는 못하나 진짜 대승의 그릇일 것이다."

불타난제가 말을 마치자 장자가 나와서 절을 올리며 물었다.

"무엇이 필요하십니까?"

이에 존자가 답하였다.

"나는 시자를 구하고 있소."

장자가 답하였다.

"저에게는 아들이 이는데 복다밀다(伏駄密多)라고 합니다. 나이가 50이 되도록 말 한 마디도 하지 못하고 걸음도 제대로 걷지 못합니다."

이에 존자가 말하였다.

"그대가 말하는 그 사람이 바로 나의 진실한 제자가 될 것이오."

불타난제 존자는 복다밀다를 보러갔다. 그런데 존자가 보는 순간 복다밀다는 벌 떡 일어나서 불타난제 존자에게 절을 올렸다. 그리고나서 복다밀다는 게송으로 말하였다.

> 부모는 나와 친하지 않으니
> 그 누가 가장 친한 자입니까.
> 부처님들도 나의 도가 아니니
> 무엇이 궁극적인 도입니까.

이에 불타난제 존자는 게송으로 대답하였다.

> 그대의 말이 마음과 친하니
> 부모에게 견줄 바는 아니다.
> 그대의 행이 도와 일치하니
> 모든 부처님 마음이 바로 그렇다.

> 형상 지닌 부처를 밖에서 구하지만
> 그대와는 비슷하지도 않으리라.

그대의 근본 마음을 알고자 한다면

그와 하나 되거나 떨어지지도 말아야 하리라.

복다밀다는 존자의 이러한 깊은 뜻이 담긴 게송을 듣고 곧바로 일어나서 일곱 걸음을 걸었다. 이에 불타난제 존자는 바로 그를 출가시키고 구족계를 준 뒤에 다시 이렇게 말하였다.

"내가 이제 여래의 정법안장을 그대에게 부촉하니, 끊어지지 않도록 잘 지켜야 한다."

이어서 존자는 게송으로 말하였다.

허공은 안과 밖이 없으며

마음법 또한 그러하다.

허공을 환히 안다면

진여의 이치에 이를 것이다.

불타난제 존자는 게송을 마치자 신통한 변화를 나타내더니 조용히 적멸에 들었다.

第八祖佛陀難提 初遇波須密 受教出家 行化至提加國城毗舍羅家 見舍上有白光上騰 謂其徒曰 此家當有聖人口無言說 眞大乘器言 訖長者出致禮問何所須尊者 曰 我求侍者 曰我有一子 名伏馱密多 年已五十 口未曾言足未曾步 尊者曰 如汝所說 眞吾弟子尊者見之 卽起禮拜而說偈曰 父母非我親 誰是最親者 諸佛非我道 誰是最道者 尊者以偈答曰 汝言與心親 父母非可比 汝行與道合 諸佛心卽是 外求有相佛 與

汝不相似 欲知汝本心 非合亦非離 伏馱 聞師妙偈 便行七步 尊者卽令出家授具戒

復告之曰 我今以如來正法 付囑於汝 勿令斷絶 乃說偈曰 虛空無內外 心法亦如此 若

了虛空故 是達眞如理 說偈已 尊者卽現神變 了然寂滅

✿ 해 설

　복다밀다는 나이 50이 되도록 말 한마디 못하고 걸음도 제대로 걷지 못하였지만, 불타난제 존자는 그가 우주를 하나로 볼 수 있는 큰 그릇인 것을 단박에 알아봅니다. 불타난제 존자가 "내 법을 전해줄 사람을 찾으러 왔소" 하고 제자인 복다밀다에게 법을 전해줍니다. 알고 보니, 복다밀다라는 분은 50년 동안이나 스승을 기다렸던 것입니다. 이렇게 인연이 맞게 되면 말을 하지 못하던 분도 말을 하게 되고 걷지 못하는 분도 걸을 수가 있답니다.

　불타난제 존자의 성은 구담(瞿曇)이다. 정수리에 육계(肉髻)가 있고, 말재주가 막힘이 없었다고 한다. 〈전등록〉에 의하면 주(周) 경왕(景王) 12년(BC 525)에 입적했다고 함.

부모는 나와 친하지 않으니 그 누가 가장 친한 사람입니까?
부처님들도 나의 도가 아니니 무엇이 궁극적인 도입니까?
　물질로 이루어진 모든 것은 멸하게 되어 있으니까, 진정한 것이 아니라는 말입니다. 보살님 명호나 부처님 명호도 이름만 붙여놓았을 뿐 진실이 아닌 것은 마찬가지입니다.

가장 가까운 사이인 부모님이나 자식, 스승이나 제자, 남편과 아내라는 것도 모두 이름과 개념으로 구분된 것이기에 진실이 아님을 강조하고 있습니다. 형상이 진실이 아니라면, 우리가 불상을 향해 절을 할 때도 근본 실상에 마음을 두고 절을 해야 되겠죠? 그러니 이름에 속고 형상에 속지 말라는 설법입니다.

그대의 말은 마음과 친하니 부모에게 견줄 바는 아니다.

근본실상인 '체'와 하나 되었으니 세속에서는 부모님이 절대적이지만 도의 실상에서는 부모에게 견줄 바가 아니라는 말씀입니다. 부처님께서 말씀하신 진정한 효는 물질적으로 공양을 잘 하고 마음을 편하게 해드린다고 이뤄지는 것이 아닙니다. 참된 효는 부모님께 마음을 깨달을 수 있는 인연을 맺어주는 것임을 깊이 명심하셔야 합니다. 그것이 참된 공덕을 쌓는 일이고 최상의 효라고 말씀하고 계십니다.

그대의 행이 도와 일치하니 모든 부처님 마음이 바로 그것이다

금생에 수행을 하지 않았지만 도와 하나가 되니, 부처님께서 깨달으신 세계가 바로 하나의 마음자리라는 말입니다. 모든 부처님과 조사스님들, 스승과 제자의 본래 마음이 모두 한자리임을 거듭 강조하고 있습니다.

밖에서 아무리 형상이 있는 부처를 구하여도 그대와 같지 않으리다

마음 밖에서 부처를 구하는 것은 외도입니다. 관세음보살님이 마음

밖에 따로 있고, 지장보살님이 따로 있다고 생각하시는 것은 진정한 도가 아닙니다. 이런 수행은 열심히 하면 극락에 태어날 수는 있지만 깨달음을 이루기는 어렵다고 말하고 있습니다. 복다밀다는 우주 실상에 마음을 두고 있는 분이었기에, 그대와 같지 않으리라는 표현을 하고 있는 것입니다.

그대의 근본 마음을 알고자 한다면
그와 하나 되지도 말고 떨어지지도 말아야 하리라

마음에서 근본과 하나가 되겠다, 떨어지겠다는 생각도 분별심인 이분법적 사고이니 하지 말라는 말씀입니다. 이는 중도의 차원에서 설법하고 계시는 부분입니다.

허공은 안과 밖이 없으며 마음의 법 또한 그러하다
허공을 훤히 안다면 진여의 이치에 이를 것이다

허공은 우리의 마음을 상징하는데 여기에는 안과 밖이 없습니다. 하나의 마음을 법이라고 하는데 그것도 또한 안과 밖이 없다는 말씀입니다. '체'의 입장에서 말씀하고 계신 부분입니다. 마음의 도리를 훤히 안다면 마침내 하나의 경지에 이를 것이라고 말합니다. 하나의 경지에 이르기 위하여서는 절대적으로 반야에 마음을 두고 정진해야만 가능하다는 이야기입니다.

제9조. 복다밀다 존자

제9조 복다밀다(伏馱密多) 존자는 교화하러 나섰다가 중인도에 이르렀다. 그곳에서 향개(香蓋)라는 장자가 아들을 데리고 존자에게 와서 절을 올린 뒤 이렇게 말하였다.

"이 아이는 제 어미의 태 속에서 60년이나 있었으므로 난생(難生)이라 부르게 되었습니다. 이제 존자님을 뵙게 되었으니 출가시켜 주십시오."

이에 복다밀다 존자는 곧바로 난생의 머리를 깎고 구족계를 받게 하였다. 그리고 갈마(羯磨: 수계나 참회할 때의 작법(作法))를 할 때에는 상서로운 빛이 그 자리에서 밝혀지더니 37과의 사리가 나타났다. 이때부터 난생은 피로한 줄을 모르고 부지런히 정진하였다. 오래지 않아 복다밀다 존자가 그에게 말하였다.

"여래의 정법안장을 이제 그대에게 부촉하니 그대는 잘 지켜서 잃어버리지 말아야 한다."

그리고 나서 존자는 게송으로 말하였다.

진리는 본래 이름이 없는데
이름으로 인하여 진리를 나타낸다.
진실한 법을 얻으면
그것은 참도 아니며 거짓도 아니다.

존자는 난생에게 법을 부촉한 뒤에 이내 멸진삼매(滅盡三昧)에 들었다.

第九祖伏馱密多 行化 至中印度有一長者香蓋 携一子來 禮尊者曰 此子在胎六十
歲 因號難生 今遇尊者 可令出家 尊者卽與落髮授具 羯摩之際祥光燭座 仍感舍利
三七箇 自此精進 忘疲 旣尒師告之曰 如來大法 今付於汝 汝護念之 乃說偈曰 眞理
本無名 因名現眞理 受得眞實法 非眞亦非僞 尊者付法已 卽入滅盡三昧

❀ 해 설

복다밀다 존자와 불타난제 존자는 상서로운 기운을 느끼면서 법을 이
어받으신 분이신데, 과거 생에 수없이 반복해서 깨달으신 분들입니다.
복다밀다(?~BC 487)는 불타밀다(佛馱蜜多)라고도 음사한다. 성은 비사라(毘舍羅). 나이 50
에 출가 수계함. 〈전등록〉에 의하면 주(周) 경왕(敬王)35년(BC442)에 입적하였다고 함.

제9조 복다밀다 존자가 교화하러 나섰다가 중인도에서 만난 향개 장자의 아들 난생이 어머니 태중에서 60년이나 있었다고 하니, 이해가 잘 되지 않는 부분일 것입니다. 난생도 인연의 때를 기다리지 않았나 생각이 됩니다.

불자님들에게 총명한 아들이 있다면 출가시킨다는 것이 결코 쉬운 일이 아닐텐데, 향개라는 장자는 아들을 출가시켜 달라고 복다밀라 존자에게 부탁을 합니다. 그런데 복다밀다 존자가 비구계를 설할 때 상서로운 빛이 그 자리를 밝히더니 37과의 사리가 나타났다고 합니다. 이는 공중사리를 말합니다. 태중에서 60년 동안 있었던 일도 놀라운 일이고 계율을 줄 때 사리가 나타난 것도 상서로운 일이지만, 이때부터 행복하게 정진을 하셨단 말입니다. 과거 생에 수행을 많이 하셨기에 가능한 이야기입니다.

"여래의 정법안장을 이제 그대에게 부촉하니 그대는 잘 지켜서 잃어버리지 말아야한다."

여기서 잃어버리지 말아야 한다는 말씀은 보임(保任: 깨달은 바를 보호하고 지켜나가는 것)수행을 말합니다. 본인이 깨친 하나의 도리를 놓치지 말고 그 자리를 지키라는 말씀입니다.

진리는 본래 이름이 없는데
이름으로 인하여 진리를 나타낸다

본래 실상자리에서는 모양이 없으니까 있다고 할 수도 없고 없다고도 할 수 없는 중도를 말하고 있습니다. 이름을 붙일 수 없지만 부득이 진리라고 이름을 붙였다는 말입니다. 법이니, 선이니, 부처니, 그저 이름을 붙여놓은 것이니 이름에 속거나 얽매여서는 안될 것입니다.

진실한 법을 얻으면

진실한 법은 얻는 게 아닙니다. 얻을 수 있다면 잃을 것도 있기 때문에, 참다운 진리를 무소득법(無所得法)이라고 했습니다. 불교를 믿는다고 했을 때 무엇을 얻고자 생각하는 분들이 있는데, 본래의 참된 자리로 돌아가기 위하여 수행을 하는 것이지 무엇을 얻으려고 수행하는 것이 아닙니다. 진실한 법을 깨닫게 되는 것이지 얻을 바가 있다고 생각해서는 안됩니다.

그것은 참도 아니며 거짓도 아니다

본래의 마음자리는 입을 떼면 그르치는 자리입니다. 이것이 진실이다, 아니다, 규정할 수조차 없는 일체의 개념화가 끊어진 실상자리를 말하는 것입니다. 바로 진여자리를 말하는 부분입니다.

멸진삼매는 수(受: 느낌)와 상(想,: 앎, 지각작용) 등의 일체 소연(所緣)에 의한 작용이 모두 멈춘 선정. 멸수상정(滅受想定)이라고도 함.

제10조. 협 존자

　제10조 협(脇) 존자가 태어날 즈음에 존자의 아버지는 흰 코끼리 한 마리를 꿈에 보았는데 코끼리의 등위에는 보배 의자가 있었고 그 보배 의자 위에는 눈부시게 밝은 구슬 하나가 놓여 있었다. 그런데 구슬을 등에 실은 코끼리가 문안으로 들어오자 구슬의 광채가 사부대중을 환히 비쳤다. 꿈에서 깨어난 뒤에 협 존자가 태어났던 것이다.

　후에 협 존자는 복다밀다 존자를 친견하고 곁에서 극진히 시봉을 하였는데 누워 잠든 적이 없었으므로 '옆구리를 자리에 누인 적이 없다' 는 뜻에서 협 존자라 불리게 되었다.

　훗날 협 존자가 화씨국(花氏國)으로 교화하러 들어갔다가 어느 나무 아래에서 휴식을 취하고 있을 때의 일이다. 한 장자의 아들인 부나야사(富那夜奢)가 다가와 합장을 하고 존자 앞에 섰다. 이에 협 존자가 물었다.

"그대는 어디에서 왔는가?"

부나야사가 답하였다.

"제 마음은 가지 않았습니다."

협 존자가 다시 물었다.

"그대는 어디에 살고 있는가?"

부나야사가 대답하였다.

"제 마음은 머무르지 않습니다."

협 존자가 다시 물었다.

"그대는 일정하게 머무는 곳이 없는가?"

부나야사가 답하였다.

"여러 부처님들도 그러하셨습니다."

협 존자는 부나야사의 뜻을 알아차리고 바로 출가하게 하여 구족계를 준 뒤에 이렇게 말하였다.

"여래의 위대한 법을 이제 그대에게 부촉하니 그대는 잘 지키고 보호해야 한다."

그리고 나서 협 존자는 게송으로 말하였다.

　　　　참의 본체는 그대로가 참이니

　　　　참을 인해서 이치가 있다고 말한다.

　　　　진실한 법을 깨닫는다면

　　　　가는 것도 없고 멈추는 것도 없으리라.

협 존자는 법을 그에게 맡긴 뒤에 바로 열반에 들더니 불을 만들어내서 스스로 몸을 태웠다.

第十祖脇尊者 將誕父 夢一白象背有寶座 座上安一明珠 從門而入 光照四衆 旣覺
遂生 後值伏馱 執侍左右未嘗睡眠 謂其脅不至席 遂號脇尊者焉行化花氏國 憩一樹
下有一長者子富那夜奢 合掌前立 尊者問汝從何來 答曰我心非往 尊者曰汝何住 曰
我心非止 尊者曰汝不定耶曰諸佛亦然 尊者知其意 卽令出家授具戒品 乃告之曰 如
來大法 今付於汝 汝護念之 乃說偈曰 眞體自然眞 因眞說有理 領得眞眞法 無行亦無
止 尊者付法已 卽入涅槃 化火自焚

🎱 해 설

제10조인 협 존자가 태어날 적에 존자의 아버지는 흰 코끼리 한 마
리를 꿈에 보았는데, 코끼리의 등 위에는 보배 의자가 있었고 그 의자
위에는 눈부시게 밝은 구슬 하나가 놓여있었다고 합니다. 부처님께서
도 탄생하실 때에 어머니인 마야 부인이 흰 코끼리의 꿈을 꾸셨다고
하는데, 불교에서는 코끼리를 힘이나 원력으로 상징합니다. 협 존자
역시 과거 생에 수행을 많이 하신 분이라고 볼 수 있습니다. 밝은 구슬
이란 불성을 상징한 것입니다. 이미 이분은 '부처님 경지'에 올라 있었
다는 비유입니다.

협 존자의 성은 난생(難生). 일생을 장좌불와하였기 때문에 협(脇) 존자라는 이름을 얻음.

협 존자는 훗날 부나야사라는 사제지간의 인연을 만나게 되는데, 협 존자가 "그대는 어디서 왔는가?" 물었을 때, 부나야사는 "제 마음은 가지 않았습니다"라고 답을 지어 오고감이 없는 본래자리에 대해 서로 마음이 통하고 있습니다.

"그대는 어디에 살고 있는가?"

"제 마음은 머무르지 않습니다."

우리 마음이 어디에 머문다고 생각한다면, 이분법적인 사고입니다. 진여자성은 오고감도 없으며 머무는 바도 없습니다. 그래서 『금강경』에서는 "머무는 바 없이 그 마음을 내라"고 설하고 있는 것입니다.

"그대는 정해지지 않았는가?"

본래 실상자리와 하나가 된 경지를 말하고 있습니다. 불법은 정해진 바가 없어서 『금강경』에서는 무유정법(無有定法), 즉 '정함이 없는 법'이 영원한 법이며 최상의 법이라고 설하고 있습니다.

"모든 부처님들도 그러하셨습니다."

부나야사는 부처님의 본래 마음자리와 하나로 다름없는 경지를 이심전심으로 누리고 있음을 확신하며 말하고 있습니다.

'참'의 본체는 그대로가 참이니

참으로 인해서 이치가 있다고 말한다.

본래의 실상은 그대로 참이니 진리 자체로 인해 이치가 있다고 말합니다.

진실한 법을 깨닫는다면

가는 것도 없고 멈추는 것도 없으리라

실상을 깨닫게 되면 오고감도 없고 생사도 없는 불생불멸(不生不滅)의 경지가 됨을 말하는 부분입니다. 『반야심경』에서 진리의 실상은 불생불멸인 동시에 오고 감이 없어서 불래불거(不來不去)라고 했습니다. 그 크기는 허공과 같고 시간은 시작과 끝이 없어 조금도 변할 수 없습니다. 그 넓기는 두루 법계를 감싸고 아무것도 빠뜨리지 않으며, 그 미세하기는 아무리 작은 사물이나 티끌까지도 그것에 비유할 수가 없는 것입니다.

'화화삼매'는 스스로 자기 몸에 불을 일으켜 공중분해시키는 것을 말합니다.

제11조. 부나야사 존자

제11조 부나야사(富那夜奢) 존자는 협 존자에게서 가르침을 받은 뒤에 바라나국
(波羅那國)으로 갔다. 그곳에는 마명(馬鳴) 대사가 살고 있었는데 마명은 부나야사
존자를 찾아와 절을 올리고는 이렇게 여쭈었다.

"저는 부처에 관해서 알고 싶습니다. 도대체 무엇이 부처입니까?"

부나야사 존자가 대답하였다.

"그대가 부처에 관해서 알고 싶다고 하였는데, '부처에 관해서 모른다' 는 것이
바로 부처이다."

이에 마명이 다시 물었다.

"아직 부처가 뭔지 잘 모르는데 그것이 부처인 줄 어찌 알겠습니까?"

그러자 부나야사 존자가 대답하였다.

"아직 부처가 뭔지 잘 모른다면서 그것이 아닌 줄은 어찌 아는가?"

이에 마명은 한 순간에 환히 깨달았다. 그리하여 바로 출가하기를 원하였다. 그러자 부나야사 존자가 대중들에게 이렇게 말하였다.

"이 사람은 옛날에 비사리국의 임금이었소. 그 나라의 어떤 부류 사람들은 말처럼 벌거벗은 채로 지내고 있었소. 이에 대사가 신통력으로 누에로 변신하니 그들은 옷을 입을 수 있게 되었소. 그 후에 대사가 중인도에 다시 태어나게 되었는데 말과 사람들이 모두 다 감격하고 연모하여 구슬피 울었으므로 이름을 '마명' 이라 하였던 것이오."

이어서 부나야사 존자는 마명에게 출가를 허락하고 구족계를 주었다. 그리고나서 고하였다.

"여래의 위대한 가르침을 이제 그대에게 맡기노라."

그리고 다음과 같이 게송으로 말하였다.

> 미혹함과 깨달음은 숨음과 드러남과도 같나니
> 빛과 어둠은 서로 떨어지지 않는 것이네.
> 이제야 숨음과 드러남의 법을 맡기니
> 그것은 하나도 아니며 둘도 아닌 것이다.

존자는 가르침을 맡긴 뒤에 고요히 원적(圓寂)에 들었다.

第十一祖富那夜奢 旣得法於脅尊者尋詣波羅奈國 有馬鳴大士 延而作禮因問曰 我欲識佛 何者卽是 師曰汝欲識佛 不識者是 曰佛旣不識 焉知是乎師曰旣不識佛 焉知不是[云云] 馬鳴豁然省悟 卽求剃度 師謂衆曰 此大士昔爲毗舍離國王 其國有一類

人 如馬裸露 大士運神力 分身爲蠶 彼乃得衣後復生中印度馬人 感戀悲鳴 因號馬鳴

旣遇尊者 出家授具 卽告之曰 如來大法 今付於汝 卽說偈曰 迷悟如隱現 明暗不相離

今付隱現法 非一亦非二 付法已 卽湛然圓寂

❀ 해설

　부나야사 존자가 제자인 마명에게 법을 전하는 내용인데, 마명 대사
는 처음에는 소승불교 공부를 하셨던 분입니다. 우주의 근본 실상이
둘이 아닌 하나의 마음자리에 두고 수행할 때
　대승이자 정도라고 하는 것이고, 그 외의 수행은 외도라고 합니다.
　부나야사 존자의 성은 구담(瞿曇). 〈전등록〉에 의하면 주(周) 안왕(安王) 14년(BC 338) 입적
했다고 함.

　마명이란 분의 형은 대승의 수행을 하셨는데, 형이 경전 강의하는 것
을 동생인 마명이 듣고 진심(眞心)을 일으킵니다. '일체가 불성이다'
하는 도리를 형에게서 들은 마명이 크게 환희심을 얻고 부나야사 존자
를 만나게 되는 것입니다.
　마명이 대승불교에 대하여 이해를 하고 부나야사 존자를 만났지만,
아직 마명은 확실히 눈을 뜨지 못한 상태입니다. 부처라고 했을 때 우
주가 부처 아닌 게 없지 않습니까.
　본래 근본 실상은 어떤 이름도 붙일 수 없지만 부득이 인격적으로

부처라고 한다면 그 자리에서 작용을 통해 나타나는 현상계도 부처 아닌 게 없습니다.

그러니 이 우주가 모두 하나의 마음에서 나왔지만, 진리에서 보았을 때는 '부처'라고 해도 그르치는 소리입니다. 근본 실상은 모양이 없고 어떤 이름이나 형상이 없는 자리이니, 말로나 문자로도 표현할 수 없습니다. 그것이 진리의 실상입니다. 어떤 표현을 할 수 없는 그 자리를 '체'라고 했습니다. '체'에서 작용을 통해 나타는 현상계도 원래는 모양이 없는 데에서 나온 것입니다. 모양이 없는 곳에서 나온 현상계도 똑같은 하나이기 때문에 부처라고 부르는 것입니다.

"저는 부처에 관해서 알고 싶습니다"라는 질문을 보면 당시 마명대사는 아직 부처에 대하여 이해를 못하고 있습니다. 진리에 대해서 눈을 뜨지 못한 상태인 것입니다.

"도대체 어떤 사람이 부처입니까?"

마명은 아직 부처를 육체를 지닌 사람으로만 알고 있습니다. '부처'라고 얘기했을 때는 사람뿐만 아니라 모든 것이 부처 아닌 게 없습니다. 겉모양만 보고 '저것이 어떻게 부처일까?' 하고 생각하시겠지만 고정된 것으로 보이는 만물은 파동, 즉 진동만 하고 있을 뿐 우리가 속고 있는 것입니다. 우리가 육안으로 본 것들은 사실 본 것도 들은 것도 아닙니다. 마음이 여섯 가지 기관을 통해서 업을 짓고 있는 것입니다. 본래는 좋고 나쁜 것도 없는데 마음이 눈을 통해 보면서 온갖 시시비비하는 생각을 일으키는 것입니다. 그러면서 우리는 바깥경계에 끄달리며 온갖 업을 짓고 있습니다. 그러나 마음이 점점 탁해져 오염될 수밖에 없습니다.

"그대는 부처에 관해서 알고 싶다고 하였는데,
알지 못하는 것이 바로 부처이다."

진리의 실상은 모양이 없는, 어떠한 표현도 할 수 없는 자리이기 때문에 진짜 부처를 알려면 알지 못하는 것이 부처라고 말씀하시는 겁니다. 만약 우리가 부처를 안다고 말한다면 그것은 부처를 안 게 아닙니다. 어떤 표현도 할 수 없는 자리에 대해 이러쿵저러쿵 말을 한다면 답이 될 수 없어요. 있다고 해도 맞지 않고 없다고 해도 맞지 않는 중도실상이기 때문입니다. 따라서 누군가 "나는 깨달았다"라고 말을 한다면 깨달은 게 아닙니다. 깨달은 사람은 입을 뗄 수가 없어요. 그래서 부처님께서도 49년간 설법을 하시고도 "나는 한마디도 하지 않았다고 말씀하신 것입니다."

"아직 부처가 뭔지 잘 모르는데
그것이 부처인 줄 어찌 알겠습니까?"

부처를 모르는 그놈이 부처입니다. 악이나 선도 어디에서 나왔습니까? 바로 근본 마음에서 나온 것입니다. '번뇌가 곧 보리'라는 말을 들어보셨을 것입니다. 마음에 의해서 번뇌가 일어난 것이니 마음과 번뇌도 사실 하나예요. 번뇌라는 것은 미혹이고, 보리라고 하면 깨달음입니다. 일체의 표현이나 형상, 개념은 마음 아닌 곳에서 나온 것이 없어요. 선이나 악도 하나에서 나왔기 때문에 근본은 하나라고 말을 하는 것입니다.

"아직 부처에 대해 잘 모른다고 하면서
부처가 아닌 줄은 어찌 아는가?"

이 말씀을 듣는 순간 마명대사는 대승의 가르침이 위대하다는 것을 알고 하나의 도리를 확실히 깨닫게 됩니다. 후대에 마명대사는 마명보살로 불리게 됩니다. 보살이라 했을 때 두 가지의 뜻이 있는데, 하나의 도리를 깨닫고자 정진하는 분을 보살이라 부르고, 하나의 도리를 깨닫고 부처가 되기 위해 수행하는 분도 보살이라고 합니다. 하나의 도리를 돈오의 도리를 통해 확실히 깨닫고 행하는 분들을 보살이라고 부르는 것입니다. 보살행을 통해 투철하게 깨닫고 부처의 지위로 올라가는 것입니다. 부처는 덕과 지혜를 완벽히 구축한 분이라고 합니다. 덕이란 우주를 그대로 하나로 쓸 수 있는 능력을 말합니다.

마명 대사는 옛날에 비사리국의 임금이었습니다. 그런데 그 나라의 어떤 부류 사람들은 말처럼 벌거벗은 채로 지냈기에 대사가 신통력으로 누에로 변신해 그들이 옷을 입을 수 있게 했습니다. 마명 대사는 전생에 임금이었으며 신통력을 가지고 있던 분이십니다. 그 후에 중인도에 다시 태어났는데 말과 사람들이 모두 감격해서 구슬피 울었답니다. 그래서 태어났을 때 이름을 '말 마(馬)' 자에 '울 명(鳴)' 자를 써서 마명이라고 지었답니다.

미혹함과 깨달음은 숨음과 드러남과도 같나니

미혹함은 '숨은'이라고 표현을 하는데 아직 깨닫지 못한 것을 말합니다. 반대로 깨달음은 드러난 것이라고 말합니다. 하지만 미혹과 깨달음, 숨음과 드러남은 우리의 생각 차이일 뿐 똑같은 자리에서 나온 것입니다. 본래가 부처인데 부처를 알면 깨달은 것이고 모르면 미혹이라고 합니다.

빛과 어둠은 서로 떨어지지 않는 것이네

빛과 어둠 역시 마음에서 나왔으니까 떨어지지 않는 하나라고 말하고 있습니다. 우리가 보기에 밝음과 어둠은 분명히 다른 것으로 보이지만, 하루라는 시간의 차원에서 본다면 낮에는 밝고 밤에는 어두운 것이 둘이 아닌 것입니다.

이제야 숨음과 드러남의 법을 부촉하니

깨달은 것과 깨닫지 못한 이 도리를 확실히 제자인 마명에게 부촉한다는 말입니다. 중생이 성불해서 여래가 되었다고 해서, 중생의 본래 마음자리인 여래장이 다를 바가 없는 것입니다.

그것은 하나도 아니며 둘로 아닌 것이다

미혹과 깨달음, 숨음과 드러남이라는 표현도 하나의 마음에서 나온 것이니 '체'인 실상자리에서는 하나도 아니며 둘도 아닌 것이라고 거듭 말씀하십니다.

제12조. 마명 존자

　제12조 마명(馬鳴) 존자에게 어느 날 어떤 외도가 찾아와서 토론을 하고자 하였다. 마명은 국왕과 대신 그리고 사부대중을 토론장에 모두 모이게 한 뒤에 외도에게 물었다.

　"그대는 무엇으로 주장의 종지(宗指)를 삼고 있는가?"

　외도가 답하였다.

　"어떤 말이든지 나는 '모두 깨뜨릴 수 있다' 는 것을 종지로 삼고 있소."

　이에 마명 존자가 왕을 가리키면서 외도에게 말하였다.

　"지금 온 나라가 태평할 뿐만 아니라 대왕도 장수하고 계시다. 그럼 그대가 이 모두를 깨뜨려 보라."

　외도는 굴복하고 말았다.

第十二祖馬鳴尊者 一日有外道索論議 集國王大臣併及四衆 俱會論場馬鳴云 汝義以何爲宗 外道云 凡有言說 我皆能破 馬鳴乃指國王云 當今國土康寧 大王長壽 請汝破之 外道屈伏

🎴 해 설

제12조 마명 존자에게 어느 날 어떤 외도가 찾아와서 토론을 하고자 하였습니다. 공개적인 논쟁을 통해 불교를 망신시켜서 외도를 전파하기 위한 술책입니다. 마명 존자는 이러한 음모를 알지만 국왕과 대신을 비롯한 사부대중을 토론장에 모두 모이게 하였습니다. 마명 존자는 상대의 마음까지도 읽을 수 있는 경지에 올라가 계셨던 분입니다. 상대의 마음까지 읽을 수 있는 타심통까지 열려야 선지식이라고 할 수가 있어요. 이런 분들은 근기가 수승하기 때문에 어떤 질문에도 막힘이 없고, 법을 이을 분도 쉽게 찾을 수가 있습니다.

마명 존자는 1~2세기 경의 인물이다. 처음에는 외도를 믿었지만 부나야사 존자에 의해 불교에 귀의함. 탁월한 지혜와 말솜씨를 지녀서 카니슈카왕의 고문이 됨. 저서로는 〈불소행찬〉, 〈건치범찬〉 등이 있다. 종래 마명 존자가 지은 것으로 전해지던 〈대승기신론〉과 〈대종지현문본론〉은 그의 작품이 아니라 동명이인의 작품이라는 설도 있다. 〈전등록〉에 의하면 주(周) 현왕(顯王) 37년(BC 327)에 입적했다고 함.

"그대는 무엇으로 주장의 종지를 삼고 있는가?"

마명 존자께서 외도에게 '당신이 믿고 있는 우주의 근본 실상의 뜻을 어디에 두고 행하는가?' 하고 묻는 내용입니다. 우주의 근본인 일심을 떠나서 하는 행위는 외도라고 말씀을 드렸습니다.

"어떤 말이든지 나는 모두 깨뜨릴 수 있소."

외도가 어떤 것이든 깨뜨릴 수 있다고 답을 합니다. 보이는 현상계에 끄달려 시시비비한다고 했을 때 반야차원에서 비추어 본다면 사실이 아닙니다. 우리는 지혜 차원에서 어떤 것이든 깨뜨릴 수가 있습니다. 그러나 외도는 지혜 차원에서 답을 한 내용이 아닙니다.

이에 마명 존자가 왕을 가리키면서 외도에게 말했습니다.

"지금 온 나라가 태평할 뿐만 아니라 대왕도 장수하고 계시다. 그럼 그대가 이것을 깨뜨려 보라."

외도는 굴복하고 말았습니다. 왕이 나라를 잘 다스리고 장수하고 있는데, 이것을 깨뜨려 보라는 말을 깨뜨릴 수가 있겠습니까? 잘못 말하면 목숨을 보전하기 어렵기 때문에 외도는 한마디도 못한 채 굴복하고 만 것입니다. 물론 이 질문도 반야 차원에서는 깨뜨릴 수가 있습니다. 반야 차원에서는 왕도 없고 태평성대라는 것도 없으니 가능한 이야기지만, 외도는 반야 차원에서 대답한 것이 아니었기 때문에 그 자리에서 항복하고 말았던 겁니다.

마명 존자가 법을 전하는 게송이 『직지』에는 나오지 않지만, 『전등록』에는 다음과 같이 기록되어있습니다.

> 隱顯卽本法 明暗元不二(은현즉본법 명암원불이)
> 今付悟了法 非取亦非離(금부오료법 비취역비리)

> 법에는 숨김과 나타남
> 밝음과 어두움이 원래 둘이 아니로다
> 이제 네게 깨달은 법을 부촉하니
> 취하지도 역시 버리지도 말라.

이 법문은 부나야사 존자의 법문과 같은 내용을 담고 있습니다. 숨고 나타남 밝음과 어둠이 둘이 아닌 진여자성은 취할 수도 버릴 수도 없음을 강조하고 있습니다. 마명 존자는 한 법도 정해진 바가 없어서 얻을 수도, 버릴 수도 없는 진리를 뒤에 나오는 가비마라에게 전하고 있습니다.

제13조. 가비마라 존자

　제13조 가비마라(迦毗摩羅) 존자는 마명 존자로부터 가르침을 전수받은 뒤에 교화를 떠나 서인도에 이르렀다. 그 나라의 산에서 북쪽으로 10리를 가면 큰 나무가 있는데 500마리의 용을 덮어 줄 정도로 컸다. 그 나무의 이름은 용수(龍樹)라 하였으며 그는 항상 용의 무리를 위하여 설법을 해주고 있었다.

　존자가 제자들을 거느리고 그곳으로 가자 용수가 나와서 존자를 맞이하면서 이렇게 물었다.

　"용과 뱀들이 우글거리는 외롭고 적적한 이 깊은 산중에 덕 높고 존귀하신 분께서 어떻게 오셨습니까?"

　가비마라 존자가 답하였다.

　"나는 존귀한 사람이 아니오. 그저 당신을 만나러 왔을 뿐이오."

　이에 용수가 속으로 생각하였다.

'이 존자는 결정된 성품을 얻어 도의 눈[道眼]이 밝아지셨을까, 위대한 성인들의 참다운 법[眞乘]을 이어 받으셨을까.'

그러자 가비마라 존자가 말하였다.

"그대가 아무리 마음속으로 생각하고 있다 해도 나는 이미 그대의 마음을 다 알고 있소. 그대는 출가할 결심이나 할 것이지 어찌 내가 성인인지 아닌지를 염려하고 있는 것인가?"

용수가 이 말을 듣고 나서 뉘우치면서 사죄하자 가비마라 존자는 곧 그를 출가시키고 5백의 그의 무리들에게도 모두 구족계를 주었다. 그리고 나서 존자는 다시 용수에게 말하였다.

"이제 여래의 위대한 법을 그대에게 부촉하노라."

이어서 다음과 같이 게송으로 말하였다.

드러나지도 숨지도 않는 법을
진실제(眞實際)라 말하네.
숨고 드러나는 법을 깨달으면
어리석음도 아니고 지혜도 아니네.

존자는 법을 부촉한 뒤에 신통 변화를 나타내고 화화삼매로 스스로 몸을 태웠다.

第十三祖迦毗摩羅 於馬鳴尊者得法行化至西印度彼國出中 北去十里有大樹 陰覆五百大龍 其樹王名曰龍樹常爲龍衆說法 尊者遂與徒衆詣彼 龍樹出迎 尊者曰深出孤寂 龍蟒所居大德至尊 何枉神足 師云吾非至尊來訪賢者 龍樹默念曰 此師得決定

性明道眼不 是大聖繼眞乘不 師云汝雖心語 吾已意知 但辦出家 何慮吾之不聖 龍樹

聞已悔謝 尊者卽與度脫及五百衆 俱受具戒 復告龍樹曰 今以如來大法 付囑於汝 卽

說偈曰 非現非隱法 說是眞實際 悟此隱現法 非愚亦非智 付法已 卽現神變 化火自焚

🎴 해 설

　가비마라 존자가 용수에게 법을 전하는 내용인데, 용수도 마명처럼
보살로 불리고 있습니다. 제13조 가비마라 존자는 마명 존자로부터 가
르침을 전수 받은 뒤에 교화를 하다 서인도에 이르렀습니다. 그 나라
의 산에서 북쪽으로 10리를 가면 큰 나무가 있는데 그늘이 500마리의
용을 덮을 정도로 컸습니다. 큰 나무는 바로 용수를 말하고 있습니다.
500명을 이끄는 큰 재목이었음을 500마리의 용을 덮을 정도로 컸다
고 표현하고 있습니다. 가비마라 존자는 용수의 그릇됨을 미리 알고
찾아가게 된 것입니다.

　가비마라는 비라(毘羅)라고도 부름. 〈전등록〉에 의하면 주(周) 난왕(赧王) 46년(BC 269)에
입적했다고 함.

　"용과 뱀들이 사는 외롭고 적적한 이 깊은 산중에 덕 높고 존귀하신
분이 어떻게 오셨습니까?" 용은 용수 자신을 표현한 말이고, 뱀은 제자
들을 상징한 말입니다.

가비마라 존자가 답했습니다.

"나는 존귀한 사람이 아니오. 그저 현자를 만나러 왔을 뿐이오."

마음의 세계에서 보면 높고 낮음이 없는 평등한 세계입니다. 석가모
니 부처님께서도 후에 석가모니 부처님을 신격화하려고 하자, "나는
신이 아니다, 너희들도 수행을 통해 깨닫게 되면 똑같은 경지에 들게
되니, 나는 다만 먼저 깨달았을 뿐이고 너희들은 깨닫지 못한 차이만
있을 뿐 근본에서는 어떤 차이점도 없다"라고 거절을 하십니다. 그리
고 "내가 열반한 후 나와 같은 형상을 조성하지 말거라" 하고 부촉을
내렸던 것입니다. 가비마라 존자도 법을 전할 만한 그릇을 찾아가서
자기는 존귀한 사람이 아니라며, 제자 될 사람에게 오히려 존경을 표
합니다.

이에 용수가 속으로 생각했습니다.

'이 존자는 결정된 성품을 얻어 도의 눈이 밝아지셨을까? 위대한 성
인들의 참다운 법을 이어받으셨을까?' 그러자 가비마라 존자가 꾸짖
었습니다.

"그대가 마음속으로 생각해도 나는 이미 그대의 마음을 다 알고 있
소. 그대는 출가할 결심이나 할 것이지, 어찌 내가 성인인지 아닌지를
염려하는가?"

용수가 마음속으로 의심을 하지만, 가비마라 존자는 이미 상대의 마
음을 읽고 있습니다. 용수가 이 말을 듣고 놀라 뉘우치면서 사죄하자,
가비마라 존자는 곧 그를 출가시키고 500의 무리들도 모두 구족계를

받도록 했습니다.

그리고 나서 존자는 다시 용수에게 말하였습니다.

"이제 여래의 정법안장을 그대에게 부촉하노라."

용수의 그릇을 가비마라 존자는 알고 있었기에 용수가 아직 눈을 뜨지는 못했지만 법을 전하게 된 것입니다.

드러나지도 숨지도 않는 법을 진실제라 말하네

우주 근본 실상인 '체' 의 차원에서는 물질이 아니니까, 드러날 수도 숨길 수도 없는 자리입니다. 그것이 진실한 법이라고 말하고 있습니다.

숨고 드러나는 법을 깨달으면
어리석음도 아니고 지혜도 아니네

숨음은 깨닫지 못한 것, 드러남은 깨달음을 말합니다. 우주의 근본실상 하나의 마음 차원에 눈을 뜨게 되면 어떤 표현도 맞지 않기에, 어리석음도 지혜도 아니라고 말하고 있습니다. 실상 차원에서 표현한 부분입니다.

제14조. 용수 존자

　제14조 용수(龍樹) 존자는 가비마라 존자에게서 가르침을 받은 뒤에 남인도로 갔다. 그런데 그 나라 사람들은 대부분 복업(福業) 짓는 교리만을 믿고 있었다. 그들은 용수 존자의 미묘한 가르침을 듣고 나서는 서로 수군거렸다.

　"사람은 복업만 지으면 그게 세상에서 제일인데, 어찌하여 쓸데없이 불성을 말하는 것일까? 도대체 어느 누가 그것을 볼 수 있단 말인가?"

　그러자 용수 존자가 말하였다.

　"만약 불성을 보고 싶다면 무엇보다 먼저 아만을 없애야 할 것이오."

　그들이 용수 존자에게 물었다.

　"불성은 큽니까, 작습니까?"

　용수 존자가 답하였다.

　"불성은 크지도 작지도 않고 넓지도 좁지도 않으며, 복 짓는 일도 그 과보도 없고 죽거나 생겨나지도 않는 것이오."

그들은 용수 존자에게서 이처럼 뛰어나고도 미묘한 가르침을 듣고 나서 모두가 초심을 돌이키게 되었다. 다시 용수 존자가 법좌 위에서 보름달과 같은 자재로운 몸을 나타내자, 그 대중들은 용수 존자의 설법하는 음성만 들을 수 있었을 뿐, 존자의 모습은 전혀 볼 수 없게 되었다. 이때 그 대중들 가운데 가나제바(迦那提波)라는 어떤 장자의 아들이 있다가 대중에게 이렇게 말하였다.

"이것은 바로 존자께서 불성의 본체를 형상으로 나타내셔서 우리에게 보이시는 것이오. 어떻게 그것을 알 수 있는가 하면 대체로 무상삼매(無相三昧)는 형체가 보름달과 같은 것인데, 그것은 불성의 이치가 확연히 비고 밝기 때문인 것이오."

가나제바의 말이 끝나자마자 용수 존자는 보름달과 같은 형상을 거두고 본래의 법좌로 돌아와서 이렇게 게송으로 말하였다.

> 몸으로 둥근 보름달을 나타내어
> 그로써 모든 부처님의 본체를 표현하였네.
> 법을 설하나 그 형체가 없으니
> 이로써 소리와 형체가 없음을 말하였네.

그 대중들은 용수 존자의 이러한 게송을 듣고는 무생법인(無生法忍)을 깨달아서 모두 출가하여 해탈을 얻고자 하였다. 이에 용수 존자는 그들의 출가를 허락하고 구족계를 주어서 그들 모두 다 삼보에 귀의하게 하였다. 그리고난 후에 용수 존자는 가나제바에게 말하였다.

"여래의 미묘한 법을 이제 그대에게 맡기노라. 나의 게송을 들어보아라."

그리고나서 게송으로 말하였다.

숨고 드러남의 법을 밝히기 위해
비로소 해탈의 이치를 말하게 되었네.
법을 깨닫는 마음이 없어지니
성냄도 없고 기쁨도 없구나.

용수 존자는 가나제바에게 법을 부촉한 뒤에 월륜삼매(月輪三昧)에 들어 고요히 선적(禪寂)하였다.

第十四祖龍樹 於毗羅尊者得法 後至南印度 彼國之人 多信福業 聞尊者爲說妙法 互 相謂曰 人有福業 世間第一 徒言佛性 誰能見之 尊者曰汝欲見佛性 先須除我慢 彼人曰佛性大小 尊者曰非大非小 非廣非狹 無福無報 不死不生 彼聞勝理 悉廻初心 尊者復於座上 現自在身 如滿月輪彼衆唯聞法音 不見師相 彼衆中有一長者子 名迦 那提波 謂衆曰 此是尊者現佛性體相 以示我等 何以知之 盖以無相三昧 形如滿月 佛 性之義廓然虛明 言訖輪相卽隱 復居本座而說偈言 身現月輪相 以表諸佛體 說法無 其形 用辨非聲色 彼衆聞偈 頓悟無生 咸願出家 以求解脫 尊者卽爲剃髮授具 皆歸三 寶告迦那提波曰 如來妙法今當付汝 聽吾偈曰 爲明隱現法 方說解脫理 於法心不證 無瞋亦無喜 付法已 入月輪三昧 凝然禪寂

해 설

제14조 용수 존자는 가비마라 존자에게 법을 얻은 뒤에 남인도에 이르렀습니다. 그런데 그 나라 사람들은 대부분 복 짓는 교리만을 믿고 있었습니다. 이러한 신행 형태는 오늘날도 우리가 생각해 보아야 할 문제입니다. 오늘날 한국불교가 얼마나 기복신앙에 의지하고 있는지는 불자 여러분도 잘 아시리라 생각됩니다. 지금 서양에서는 기복신앙이 아닌 부처님의 정법 수행법 위주로 불교신행이 이뤄지고 있다고 생각합니다. 그러나 불교 역사가 훨씬 깊은 우리는 여전히 기복 신앙에 치우쳐있는 현실입니다.

용수는 용맹(龍猛) 또는 용승(龍勝)이라고도 한다. 처음에는 바라문 교학을 배우고 후에 서북인도에서 대승 교학으로 전향함. 만년에 남인도 샤다바하나 왕조의 보호를 받아 크리슈나 강 중류의 흑봉산(黑峰山)에 머물렀고 나가르주나 콘다에서 입적. 저서로는 〈중론송〉, 〈회쟁론〉, 〈육십송여리론〉, 〈대지도론〉, 〈십주비바사론〉 등이 있음. 후세 중국 등의 북방불교에서는 8종(宗)의 조사(祖師)로 존경받게 된다.

불교는 복을 비는 종교가 아니고, 오히려 복을 올바로 지을 수 있는 길을 일러주시는 가르침입니다. 초기경전인 아함・방등경의 내용을 보면 나오는데, 본뜻은 불자님들께서 잘 모르고 있는 것입니다. 우리가 봉사라는 보시행을 하고 있지만 올바로 알고 행하지 않기에 인과가 반드시 성립됨을 알아야합니다. 부처님 말씀을 충분히 이해하고 행을 해야지 이해를 못한다면 대부분 기복의 신앙으로 가게 됩니다. 용수 존자께서 남인도에 이르렀을 때에도 대부분 교리만을 의지해서 복을 짓는 것이 불교라고 알았던 것입니다.

불심천자라고 알려진 중국의 양나라 무제는 문무백관을 상대로 곤룡포에 가사를 두르고 『금강경』을 강의 하셨던 분입니다. 그때 당시 중국 대륙에 불교가 들어왔지만 진짜 불교는 아니었어요. 『금강경』은 부처님께서 말씀하고자 하는 실상을 드러낸 경인데, 양 무제는 금강경 강의를 하면서도 참 뜻을 몰랐던 것입니다.

『금강경』에 보면 부처님께서는 무주상(無住相: 상에 머무는바 없는) 보시에 대해서 강조를 많이 하십니다. 우주의 근본실상인 '체' 의 차원에서 우리가 하는 보시에 대해서 말씀하시는 부분입니다. 무언가를 베푼다고 할 때에 근본실상에 마음을 두고 행한다면 따로 대상이 있을 수 없어요. 우주는 무한대로 펼쳐져 있어서 없습니다. 우리가 우주를 상대로 복을 행한다면 그 복이 무한대로 그 복이 무한대로 끝이 없다는 말입니다.

양 무제는 팔만사천 개의 탑을 세우고, 절도 많이 짓고, 스님들도 많이 양성을 하고 공양을 많이 올린 것에 대해서 스스로 복을 많이 지었다고 자부심을 가졌지만, 달마 스님께서는 아무 공덕이 없다고 말씀하셨습니다. 달마 스님께서 진리의 실상인 '체' 의 차원에서는 얻을 것도 잃을 것도 없다고 말씀하신 것인데, 양무제는 알아듣지 못하고 성내는 마음을 일으켜 오히려 달마 스님을 해치고자 했습니다. 그 과보인지 나중에 양 무제도 신하에 의해서 죽임을 당하게 됩니다.

우리는 어떻게 해야 부처님이 말씀하신 참다운 보시바라밀이 될 것인지 생각을 해보셔야 됩니다. 우주를 그대로 하나로 보고 보시를 행한다면 그 복은 부처님이 갖추신 지혜와 복을 완전히 갖춘 덕이 된다는 의미입니다. 그러나 사람들은 여전히 깨달음보다는 복 짓는 일에 집착을 하며 이렇게 말들을 합니다.

"사람이 복업 짓는 일이 세상에서 제일인데, 어찌하여 쓸데없이 불성을 말하는가? 어느 누가 그것을 볼 수 있단 말인가?"

여기서 불성이라고 할 때 견성이라는 용어를 쓰는데 '볼견', '성품성' 자를 써서 '견성성불', 즉 성품을 보는 것을 성불이라고 말을 합니다. 그러나 성품을 보아도 업이 아직 남아있기 때문에 성품을 보는 것을 곧바로 성불이라고 할 수 없어요.

용수 존자가 실상에서 마음을 보는 것을 설한다고 하니, 교리만을 공부했던 분들이 '어느 누가 불성을 볼 수 있단 말인가?' 라고 되묻고 있습니다.

그러자 용수 존자가 말했습니다.

아만이란 내가 많이 배우고 많이 알고 있다는 생각을 갖는 것을 말하는데 사실 근본실상 차원에서는 내가 아는 것은 아무것도 없는 거예요. 반야차원, 물질이 아닌 세계에서 비추어보면 오히려 수행하는데 장애가 됩니다. 선가에서는 진짜 불교공부를 하기위해서는 사교입선(捨敎入禪)을 강조합니다. 교를 버리고 선으로 바로 들어가라는 뜻입니다. 이것이 진짜 공부라는 말입니다.

오늘날과 같이 예전에도 선과 교는 서로 충돌이 있었어요. 선을 닦는 분들은 교학을 공부하시는 분들에게 교는 휴지와 같은 것이라고 비유를 하고, 교를 하시는 분들은 선을 하시는 분들에게 무식한 사람들이라고 했습니다. 그러나 부처님께서는 먼저 선의 차원에서 교를 말씀하셨던 것입니다.

홋날 반야부에 와서는 진리에 대해 어떤 표현을 해도 이미 틀린 것이 됩니다. 반야부 후반부에서는 부처님께서 "내가 만약 법을 설했다고 하면 너희들이 나를 비방하는 것과 다르지 않다"고까지 말씀하십니다. 진리의 실상은 교리나 말로는 표현할 수 없는 자리이기 때문에 그렇게 강조하셨던 것입니다. 선을 먼저 깨닫고 경을 보면 걸림이 없고 막힘이 없게 됩니다. 반면 교를 통해 선을 알려고 하면 오히려 잘 안 되는 것입니다

"불성은 큽니까. 작습니까?"
언어로 표현할 수 없는 근본실상의 자리를 불성이라고 하는데, 그 자리에 대해서 이해를 하지 못하는 분이니까 '큽니까. 작습니까?' 하고 엉뚱한 질문을 하는 것입니다.

"크지도 작지도 않으며 넓지도 좁지도 않으며, 복 짓는 일도 아니고 그 과보도 없고 죽거나 생겨나지도 않는 것이요.
우주의 근본실상인 성품자리즉 본래마음을 설명하고 있는 법문입니다. 마음은 모양이 없으니까 크거나 작다고 할 수도 없고, 넓거나 좁지도 않으며, 복 짓는 일이나 과보도 없습니다. 과보라는 것은 어떤 행위

에 대해서 내가 잘했다, 못했다 생각을 해서 인과가 성립이 됩니다.

그러니까 우리들의 불성은 있는 그대로입니다. 영롱한 구슬이 때가 끼면 볼 수 없지만 때만 벗겨내면 다시 영롱한 구슬을 볼 수 있듯이 우리의 불성도 어떤 행위를 하든, 어떤 업을 짓든 전혀 인과가 따르지 않습니다. 본래의 마음으로 되어 있으니까 항상 그 자리인 것입니다. 예를 들어, 『반야심경』을 읽을 때도 하나의 마음, 일심으로 보면 가슴에 와닿게 되어 있어요. 『반야심경』에서는 성품은 물질이 아니니까 죽거나 생겨나지도 않는다고 설하고 있습니다. 불교에서는 단멸(斷滅)이란 말은 쓰지 않습니다. 어떤 물질이라도 없어지는 것이 아니고 다른 모습으로 바뀌어 갈 뿐이기 때문입니다.

그들은 뛰어나고 미묘한 가르침을 받고 나서
모두가 처음의 마음을 돌이키게 되었다

교리만을 공부했던 분들이 깨닫고자 하는 발심을 비로소 일으켰다는 말입니다. 불생불멸을 얻고자 초발심을 일으켰다는 뜻입니다.

용수 존자가 법좌 위에서 보름달과 같은 자재로운 몸을 나타내자, 그 대중들은 용수 존자의 설법하는 음성만 들을 수 있었을 뿐, 존자의 모습은 볼 수 없었다.

용수 존자의 모습을 보면 일원상의 달 모양으로 광명체가 났는데 이 경지를 월륜삼매라고 합니다. 이 모습을 보고 그 대중 가운데 가나제바라는 장자의 아들이 대중들에게 설명 했습니다. "이것은 바로 불성의 존재를 형상으로 나타내서 우리에게 보이시는 것이오."

불성의 '체'를 일원상(一圓相)으로 보였다는 말입니다. 언어로 표현할 수 없지만 중생들에게 이해를 시키기 위해서 자기의 모습을 보이지 않고 부득이 일원상으로 보였던 것입니다. 불성의 본체를 상징적인 형상으로 나타냈다는 의미입니다.

대체로 무상삼매는 형체가 보름달과 같은 것인데

무상삼매란 성질이 다른 물질이 서로 만나 모양으로 나타난 형상이 사실은 모양이 아니라는 뜻입니다. 본래가 모양이 아니니까 인연에 따라 나타나는 것도 모양이 아닌 것입니다. 무상이란 것은 항상 그대로 있지 않고 시시각각 변화는 존재를 말합니다. 물질이라는 것은 우리가 느끼지 못할 뿐이지 원자 차원에서 보면 1초에 99억 번 진동을 하고 있다고 합니다. 너무나 빠르게 진동을 하니까 모양이 있는 것처럼 느낄 뿐이지 사실은 환상인 것입니다. 그러나 마음에서 본다면 이것조차 느낄 수 있는 부분입니다.

용수 보살은 본래 모양이 없는 것을 부득이 보름달과 같이 일원상으로 표현한 것입니다. 가나제바는 "그것은 불성의 이치가 확연히 비고 밝기 때문인 것이오" 라고 설명하고 있습니다. 가나제바의 말이 끝나자마자 용수 존자는 보름달과 같은 형상을 거두고 본래자리로 돌아와서 게송으로 말했습니다.

몸으로 보름달을 나타낸 것은
모든 부처님의 본체를 나타낸 것이요

실상을 표현한 용수 보살께서 다시 돌아와 게송으로 표현한 부분입니다. 진여자성, 본래성품은 표현할 수 없는 것이기에 부득이 일원상으로 실상을 상징화해서 드러낸 것입니다.

법을 설할 때 그 형체가 없는 것은
소리와 형체가 없음을 밝힌 것이네

이 게송은 우주의 근본실상, 언어로 표현할 수 없는 자리를 법이라고 하니까, 본래 형체가 없음을 밝혔다는 말씀입니다.

그 대중들은 용수 존자의 이러한 게송을 듣고는 무생법인(無生法 忍)을 깨달아서 모두 출가하여 해탈을 얻고자 하였다.

대중이 게송을 듣고 무생법인(일체 제법의 무생무멸(無生無滅)의 이치를 체득하여 거기에 안주하는 것)을 단박에 깨달았을 때는 '본래는 태어나고 멸함이 없다는 불생불멸의 도리를 깨달았다'는 말입니다. 이에 용수 존자는 그들을 출가시켜 구족계를 주고 난 후 가나제바에게 말했습니다.

"여래의 미묘한 법을 그대에게 부촉하려 하니, 나의 게송을 들어라."

인도의 조사스님들이 법을 전하는 과정을 보면 출가하여 수행하는 분에게 법을 이어주는 경우보다 일반 재가들에게 법을 이어주는 경우가 많아요. 전생에 근기가 수승하고 공부가 많이 된 분들은 출가하지 않고 세간에 살지만 인연이 오면 바로 법을 이어받게 된다고 합니다.

숨고 드러나는 법을 밝히기 위해

숨는다는 것은 미혹을, 드러나는 것은 깨달음을 말합니다. 깨닫지 못한 것과 깨달음은 종이 한 장 차이예요. 눈을 뜨고 보면 마음으로 되어 있으니까, 더 이상 제도할 대상이 없어진 것입니다.

비로소 해탈의 이치를 말하였네

미혹만 벗어나면 그대로 해탈한다는 말입니다.

법을 깨닫는 마음이 없어지니 성냄도 없고 기쁨도 없도다.

만약 깨닫게 되면 성냄도 기쁨도 없어집니다. 일상생활에서도 우리가 어떤 일에 푹 빠지면 시간이라는 개념도 잊게 됩니다. 대상과 하나가 된 상황에서는 시간이 정말 빨리 흐른다고 느껴집니다. 이때는 기쁨이라는 생각도 끊어지게 됩니다.

용수 존자는 가나제바에게 법을 부촉한 뒤 그대로 좌선 상태에서 일원상으로 빛만 남겨놓고 열반에 들었습니다.

제15조. 가나제바 존자

용수 대사(大士)는 가나제바(迦那提波)가 찾아오리라는 것을 미리 알고 짐짓 먼저 시자를 시켜 발우에 물을 떠다가 가나제바 앞에 놓아두게 하였다. 가나제바가 이를 보고 바늘 하나를 꺼내어 발우 속에 던져 넣자 용수 존자는 이렇게 말하였다.

"담긴 물[定水]이 맑고 깨끗함은 나의 덕을 나타내는데, 그대가 와서 바늘을 던지는 것은 그 바닥까지 철저히 알고자 함이로다."

그후에 가나제바 존자는 용수 존자로부터 가르침을 전수 받은 뒤에 비라국(毘羅國)으로 갔다. 그 나라에는 범마정덕(梵摩淨德)이라는 장자가 살고 있었다.

그런데 어느 날 장자의 정원에 있는 나무에서 큰 버섯이 자라났다. 버섯은 아주 맛이 좋았는데 오직 장자와 둘째 아들인 나후라다(羅睺羅多)만 그 버섯을 따다 먹었다. 그 버섯은 따 가면 이내 자라나고 다 잘라내어도 곧 다시 자라났지만 다른 식구들은 아무도 그것을 보지 못하였다.

어느 때 가나제바 존자는 지난 세상부터 쌓아온 인연이 무르익었음을 알고 그 집을 찾아갔다. 장자가 가나제바 존자에게 버섯에 관해 묻자 존자는 이렇게 말하였다.

"그대의 집안이 전생에 어떤 비구를 공양하였소. 그런데 그 비구는 깨달음의 눈이 열리지도 않았으면서 헛되이 신자들의 시주를 받았기 때문에 그 과보로 비구는 버섯으로 다시 태어난 것이오. 오직 그대와 그대의 아들만이 그 비구에게 정성껏 공양을 하였으므로 두 사람만 버섯을 보고 먹을 수가 있으며, 다른 가족들은 그러지 못하는 것이오."

그리고 나서 가나제바 존자가 장자의 나이를 물으니, 장자는 79세라고 대답하였다. 이에 존자는 다음과 같이 게송으로 말하였다.

> 진리의 세계에 들어와서도 깨닫지 못했으니
> 몸을 바꾸어서 그 시주물을 갚는 것이네.
> 그대가 여든 한 살이 되면
> 나무에는 더 이상 버섯이 나지 않으리라.

장자는 이러한 게송을 듣고 나서 깊이 탄복하면서 다시 이렇게 존자에게 말하였다.

"저는 이제 늙어서 존자님을 모시지 못합니다. 저의 둘째 아들을 존자님께 맡기니 스님을 따라 출가시켜 주십시오."

가나제바 존자는 답하였다. "옛날 여래께서 그대의 둘째 아들을 '두 번째 500년에 큰 교주가 될 것'이라고 예언하셨는데 이제 만나게 되었으니 이것이 바로 전생의 인연과 부합되는 것이 아니겠소."

그리고 나서 바로 그의 둘째 아들을 출가시키고 구족계를 준 뒤에 다음과 같이 게송으로 말하였다.

> 본래부터 법을 전할 사람에게
>
> 해탈의 이치를 말해주게 되었네
>
> 법에는 실제로 증득할 것이 없으니
>
> 끝도 없고 시작도 없어라.

존자는 게송을 마친 뒤에 적멸에 들었다.

龍樹大士 見迦那提波來 先令侍者將一鉢水 置面前提波乃以一針投之樹云定水澄
淸 此方我德 彼來投針欲窮其底 尊者得法 後至毗羅國 彼 有長者 名梵摩淨德 一日
園中樹生大耳如菌 味甚美 唯長者與第二子羅睺羅多 取而食之 取已隨長 盡而復生
自餘他人 皆不能見 時尊者知其宿因 遂至其家 長者問其故 尊者曰汝家昔曾供養一
比丘 然其比丘道眼未明 虛沾信施故報爲木菌唯汝與子精誠供養 得以享之 餘卽否
矣 又問長者年多少 答曰七十有九 乃說偈曰 入道不通理 復身還信施 汝年八十一 其
樹不生耳 長者聞偈 彌加歎伏 又曰弟子衰老不能師事 願捨次子 隨師出家 尊者曰昔
如來記此子 當第二五百年 爲大敎主 今之相遇 盖符宿因 卽與剃髮授具已 而說偈曰
本對傳法人 爲說解脫理 於法實無證無終亦無始 說偈已而歸寂滅

🎴 해 설

이 부분은 수행을 잘못하면 과보를 피할 수 없다는 내용입니다. 용수 대사는 가나제바(성은 비사라(毘舍羅))가 오는 것을 보고 먼저 시자를 시켜 발우에 물을 떠다가 가나제바 앞에 놓아두게 하였습니다. 용수 존자가 가나제바의 근기를 알았지만 근기를 눈으로 확인하기 위해서 시자를 시켜 물을 한 그릇 떠다놓으라고 한 것입니다. 그러자 가나제바는 용수 존자의 뜻을 곧바로 알고 바늘을 하나 던졌다고 합니다.

이것이 바로 말없이 주고 받는 선문답의 전형입니다. 선정의 물이 맑고 깨끗함은 용수 보살의 청정한 불심을 상징하는 것입니다. 마음이 물처럼 맑고 깨끗한 용수 보살의 깨달음 세계를 가늠하고자 가나제바가 바늘을 던졌다는 것을 용수 존자가 풀이하고 있는 내용입니다.

그 후 가나제바 존자는 용수 존자로부터 법을 얻은 뒤에 비라국으로 갔습니다. 그 나라는 범마정덕이라는 장자가 있었는데, 어느 날 장자 집 정원의 나무에 버섯같이 생긴 큰 귀가 생겼습니다. 그것은 아주 맛이 좋았는데, 오직 장자와 둘째 아들인 나후라다만 따다 먹었답니다. 그런데, 그것은 따가면 이내 자라나고 다 잘라내어도 곧 다시 자라났지만 다른 식구들은 아무도 보지 못하였습니다. 산삼도 발밑에 두고도 보지 못하는 사람은 못 본다고 합니다. 인연이 닿아야 자기 것이 된다는 말입니다. 이와 마찬가지로 정원에 있는 나무에 사람 귀처럼 큰 버섯이 생겼지만 다른 가족들은 보지를 못했답니다.

이때 가나제바 존자는 지난 세상부터 쌓아온 인연이 무르익었음을 알고 그 집을 찾아갔습니다. 장자가 그 식물에 관해 묻자 존자가 과거 생을 확연하게 보는 숙명통을 통해 전생의 인연을 말하였습니다.

"그대의 집안이 예전에 어떤 비구를 공양하였소. 그런데 그 비구는 깨달음의 눈이 열리지도 않았으면서 믿음으로 올린 보시물을 함부로 누렸기 때문에 그 과보로 버섯으로 태어난 것이오. 오직 그대와 그대의 아들만이 정성껏 공양을 하였으므로 두 사람만 버섯을 먹을 수가 있으며, 다른 가족들은 그러지 못하는 것이오."

보시한 분만 그 버섯을 따 먹을 수 있다는 말입니다. 한 치의 오차도 없는 인과를 설하고 있습니다. 존자가 게송으로 말합니다.

"진리의 세계에 들어와서도 깨닫지 못했으니 몸을 바꾸어서 그 시주물을 갚아야 하네. 그대가 여든 한 살이 되면 나무에는 더 이상 버섯이 나지 않으리라."

가나제바 존자가 전생의 비구에 대해서 말하는 내용입니다. 비구가 전생에 시주물을 받았으니 어떻게든 갚아야 한다는 얘깁니다. 불자님 들도 마찬가지로 남에게 도움을 받았다면 언젠가는 갚겠다는 생각으로 사셔야 됩니다. 여든 한 살이 되면 인연이 다 되었기 때문에 더 이상 버섯이 나지 않는다는 설명입니다.

장자는 게송을 듣고 나서 깊이 탄복하며 가나제바 존자에게 둘째 아들을 맡겨 존자를 따라 출가하게 합니다. 가나제바 존자는 둘째 아들 나후라다가 '두 번째 500년 시기에 큰 교주가 될 것'이라고 부처님께 서 이미 예언을 하신 분이라는 이야기를 해줍니다.

본래부터 법을 전할 사람 사람에게

해탈의 이치를 말해주게 되었네

부처님께 법을 이어받으신 분들은 전생의 일을 다 볼 수 있는 능력을 갖추었던 분들입니다. 그러니까 법을 이어받을 분들을 만나기도 전에 모두 알고 있다는 말입니다. 그래서 법을 전할 그 사람에게 법을 전했다고 하는 것입니다.

법에는 실제로 증득할 것이 없으니

끝도 없고 시작도 없어라.

법은 물질이 아니니까 얻는 게 아니라고 했습니다. 불교를 믿는 것은 나의 본래자리로 돌아가겠다는 의지입니다. 나의 참다운 자리로 돌아가는 것이 불교의 궁극적인 목적이기 때문에 무얼 새롭게 얻는 게 아닙니다. 우리가 본래 부처여서 부처자리로 돌아가는 것이 목적이니까 없던 것을 새롭게 증득하는 것이 아니라는 말입니다. 둘이 아닌 하나의 자리로 돌아가면 거기에는 모양이 없으니까, 시작과 끝도 없는 경지로 돌아간다고 말하는 것입니다.

제16조. 나후라다 존자

제16조 나후라다(羅睺羅多) 존자는 승가난제(僧伽難提)에게 명하여 출가하게 하고 구족계를 준 뒤에 정법안장을 부촉하면서 다음과 같이 게송으로 말하였다.

법은 실제로 증득할 것이 없으니

취하거나 떠날 것도 없다.

법은 상(相)이 있거나 없는 것이 아니니

안과 밖이 어찌 일어나리.

나후라다 존자는 이렇게 법을 부촉한 뒤에 단정히 앉은 채로 조용히 적멸의 선정에 들었다.

第十六祖羅睺羅多尊者 命僧伽難提出家授具已 而付法眼偈曰 於法實無證 不取 亦不離 法非有無相 內外云何起 付法已 安坐入寂滅

🎎 해 설

나후라다 존자의 생멸연도는 정확하게 알려져 있지는 않습니다. 가 나제바 존자에게 법을 받고 승가난제에게 법을 전하는 내용만 기록이 되어 있습니다.

법은 실제로 증득할 것이 없으니
취하거나 떠날 것도 없다.

진여당체인 우주의 근본실상인 '체'의 입장에서 법이라고 했을 때 실상자리는 물질이 아니기에 증득할 것이 없다고 이야기합니다. 그리 고 고정된 형상이 아니니까 얻거나 잃을 것이 없다는 말입니다.

법은 상(相)이 있거나 없는 것이 아니니
안과 밖이 어찌 일어나리.

중도에서 말씀하시는 부분인데, 모양이 없는 실상자리는 상이 있다 거나 없다고 답을 하면 그르칩니다. 우주의 근본실상인 '체'에서는 그 어떤 표현도 정확한 묘사가 불가하기 때문입니다. '체'는 근본 마음자 리를 이야기하는 것인데 우주를 그대로 하나의 마음으로 본다면 안과 밖이 없음을 밝히고 있습니다. 불자님들이 안과 밖이 없는 이 도리를 안다면 만나기 어려운 법을 만난 것입니다. 예로부터 이 법 만나기가 그렇게 어려워서 백천만겁난조우(百千萬劫難遭遇: 백천만 겁이 지나도 만나기 어렵네)라고 말을 하는 것입니다. 이 법을 깨닫기 위해서 스님들이 하안거, 동안거를 통해서 정진을 하는 거예요. 그러니 불자님들도 불교를 믿는다고 하면 깨달음을 목적으로 두고 정진을 해야 합니다.

나후라다 존자는 승가난제 존자에게 법을 부촉한 뒤에 편안히 앉아 적멸에 들었습니다.

나후라다 존자는 〈전등록〉에 의하면 전한(前漢) 무제(武帝) 28년(BC 113)에 입적했다고 함.

제17조. 승가난제 존자

제17조 승가난제(僧伽難提) 존자가 바람에 쇠풍경이 우는 소리를 듣고서 동자에게 물었다.

"풍경이 우는 것인가, 바람이 우는 것인가?"

동자는 답하였다.

"바람이 우는 것도, 풍경이 우는 것도 아닙니다. 그저 제 마음이 울고 있을 뿐입니다."

승가난제 존자가 다시 물었다.

"바람이 우는 것도, 풍경이 우는 것도 아니라면, 그 마음은 도대체 누구의 것인가?"

동자가 답하였다.

"모든 것이 다 고요한 때문이지, 삼매의 경지는 아닙니다."

이에 승가난제 존자가 말하였다.

"참으로 기특하구나. 나의 도를 이어갈 사람이 그대가 아니고 누구이겠는가?"

그리고 나서 존자는 곧 동자에게 법을 부촉한 뒤에 다음과 같이 게송으로 말하였다.

마음 자리[心地]에는 본래 나는 것이 없으나

인(因)의 자리[因地]는 연(緣)에서 일어나네.

연과 씨앗은 서로 방해하지 않고

꽃과 열매 또한 그러하네.

존자는 동자에게 법을 부촉한 뒤에 오른 손으로 나뭇가지를 잡은 채 조용히 열반
에 들었다.

第十七祖僧伽難提 因風吹銅鈴鳴 乃問鈴鳴耶 風鳴耶 童子云 非風鈴鳴我心鳴耳
祖曰非風鈴鳴心復誰乎 童子云 俱寂靜故非三昧也 祖曰善哉善哉 繼吾道者 非子而
誰 卽付法偈曰 心地本無生 因地從緣起 緣種不相妨 花果亦復尒 尊者付法已 右手
攀樹而化

🏵 해 설

『화엄경』에 선재동자라는 분이 나오는데, 100세가 넘은 분이라고
합니다. 동자라는 표현은 마음이 맑고 순수하기 때문에 동자라고 한
것이지 나이가 어려서 쓴 것은 아닙니다. 그러나 여기에서 동자는 나

이가 어린 분을 말하고 있습니다.

제17조 승가난제 존자가 바람에 쇠방울이 우는 소리를 듣고서 동자에게 물었습니다.

승가난제 존자는 인도 실라벌(室羅筏) 출신으로, 보장엄왕(寶莊嚴王)의 아들이다. 7세에 출가하여 나후라다에게 법을 이어받고 마제국(摩提國)에 머물면서 대중을 교화한 후 가야사다를 만나서 전법한 후 입적.

"방울이 우는 것인가, 바람이 우는 것인가?"

동자가 밖에서 요령을 흔들고 있었는데, 승가난제가 듣고서 동자에게 '방울이 우는 것인가, 바람이 우는 것인가?' 하고 묻고 있습니다. 이것이 바로 선문답입니다.

동자가 답했습니다.

"바람이 우는 것도 방울이 우는 것도 아닙니다. 그저 제 마음이 울고 있을 뿐입니다."

본래 실상자리에서는 바람이 우는 것도 방울이 우는 것도 아닙니다. 그러나 '용'의 차원에서 묻고 있기 때문에, 그저 제 마음이 울고 있을 뿐이라고 동자가 답을 했습니다.

마음이라고 해도 맞지 않지만 바람이나 방울이나 하나이니까 마음이라고 한 것입니다. '체'의 입장에서는 맞지 않지만 '용'에서 물었기 때문에 '용'의 입장에서 대답을 하고있다고 보시면 됩니다. 동자의 대답을 살펴보면 대단한 근기를 가진 분임을 알 수 있습니다.

승가난제 존자가 동자에게 다시 묻습니다.

"바람이 우는 것도, 방울이 우는 것도 아니라면,
마음은 또 무엇이냐?"

바람, 방울, 마음을 하나로 보았다면 그 마음은 또 무엇이냐? 이 질문은 실상인 '체'의 차원에서 마음을 묻고 있습니다.

"모든 것이 다 고요한 때문이지 삼매의 경지는 아닙니다."

모두 마음으로 보았지만 삼매의 경지는 아니라는 말입니다. 삼매의 경지는 우주를 그대로 하나로 쓸 수 있고 실제로 하나가 되었을 때를 말합니다. 즉 '체'에서 하나가 되었을 때 삼매라고 말할 수 있습니다. 고요함은 일체가 하나의 마음으로 되어 있다는 '체'의 입장에서 말씀하시는 부분입니다.

"참으로 기특하구나. 나의 도를 이어갈 사람이 그대가 아니고 누구이겠는가?"

선문답을 통해 이심전심으로 깨달음의 경지에 마음이 통한 후, 승가난제 존자가 동자에게 법을 전해주며 부촉을 내리는 말입니다.

**마음자리[心地]에는 본래 나는 것이 없으나
인의 자리[因地]는 연(緣)에서 일어나네.**

본래 실상자리에서는 오고 감도 끊어졌고, 생사도 없고, 좋고 나쁜 것도 끊어졌지만 뿌려놓은 씨앗은 언젠가 연을 만나면 싹이 올라오게끔 되어있습니다. 현상계에서는 인과가 반드시 나타나기 때문입니다. 금생에 행한 것을 금생에 받기도 하고 몇생 후에 가서도 받게끔 되어 있습니다. 남을 속였다고 해도 자신은 알고 있으니까 바로 씨앗이 되는 것입니다. 한 생각 일으켜 놓은 것은 반드시 그것에 상응하는 인연이 돌아오게 되어있습니다.

연과 씨앗은 서로 방해하지 않고
꽃과 열매 또한 그러하네.

뿌려놓은 것은 언젠가는 만나게 되는데, 그 누구도 막을 수 없다는 말입니다.

연꽃이 부처님의 경지를 상징하는 이유는 둘이 아닌 하나이니까, 꽃과 열매가 동시에 피어나는 연꽃에 비유를 하는 것입니다. 꽃과 열매를 하나로 보는 것입니다. 부처님 경지에서 말씀하고 있는 법문입니다.

꽃과 열매가 그러하다는 것은 인은 연이 닿게 되면 반드시 과보가 돌아온다는 말입니다. 어린 동자이지만 법을 받을 만한 그릇이 되어있다는 말입니다. 스승이 제자에게 법을 전하는데 이심전심이 된다면 그 누구라도 법을 받을 수 있습니다. 동자라고 해도 전생에 수행을 많이 해서 그릇이 되어있다면 이심전심이 통해서 법을 전할 수가 있습니다.

승가난제 존자는 동자에게 법을 부촉한 뒤에 오른손으로 나뭇가지를 잡은 채 조용히 열반에 들었습니다.

제18조. 가야사다 존자

　제18조 가야사다(伽耶舍多) 존자는 어렸을 때 거울을 가지고 놀다가 승가난제 존자를 만나 득도하였다. 그 뒤에 교화하러 떠났다가 대월씨국(大月氏國)에 이르렀다. 그런데 마침 그 나라의 한 바라문 집에 상서로운 기운이 감도는 것을 보고 가야사다 존자는 그 집으로 들어가려 하였다. 그때 그 집 주인인 구마라다(鳩摩羅多)가 물었다.

　"뭐 하는 사람들이오?"

　가야사다 존자가 답하였다.

　"부처님의 제자들이오."

　구마라다는 부처님이란 이름을 듣는 순간 정신이 아찔해져서 즉시 문을 걸어 잠그고 말았다. 가야사다 존자가 잠시 뒤에 몸소 그 문을 두드리니 구마라다가 대답했다.

"이 집에는 아무도 없습니다."

가야사다 존자가 물었다.

"그렇다면 아무도 없다고 대답한 사람은 도대체 누구요?"

구마라다는 가야사다 존자의 이 말을 듣는 순간 범상치 않게 느껴져 곧바로 문을 열고서 존자를 맞아들였다. 이에 존자는 말하였다.

"옛날 세존께서 '내가 열반에 든 지 천년 후에 월씨국에서 어떤 보살이 출현하여 법을 이어나가 세상을 크게 교화할 것'이라고 예언하셨는데 이제 그대가 이토록 좋은 운을 만나게 되었도다."

이에 구마라다는 숙명지(宿命智)를 일으켜 구마라다에게 나아가니 존자는 그를 출가시키고 구족계를 주었다. 그리고 법을 부촉한 뒤에 다음과 같이 게송으로 말하였다.

> 씨앗도 있고 마음의 땅도 있으니
> 인연에 의하여 싹이 돋을 수 있으리라
> 뭇 인연이 서로 장애 되지 않으리니
> 생겨날 때는 생겨나지만 생겨난 것 아니네.

가야사다 존자는 이렇게 법을 부촉한 뒤에 허공으로 몸을 솟구쳐 화화삼매로 스스로 몸을 태웠다.

第十八祖伽耶舍多童子 持鑑出遊遇難提尊者得度後 行化至大月氏國 見一波羅門 舍有異氣 尊者將入彼舍 舍主鳩摩羅多 問曰是何徒衆 曰是佛弟子 彼聞佛名 神心悚

然 卽時閉戶 尊者良久 自扣其門 羅多曰此舍無人尊者曰 答無者誰 羅多聞語異之卽

開門迎接 尊者云 昔世尊記曰 吾滅後一千年 有大士出現於月氏國 紹隆玄化 今汝應

斯嘉運 於是鳩摩羅多 發宿命智 投師出家授具 付法偈曰 有種有心地 因緣能發萠

於緣不相导 當生生不生 尊者付法已 踊身虛空 化火自焚

✿ 해 설

가야사다 존자의 가르침에서 가장 중요한 부분은 제자에게 진리를
표현한 게송부분입니다. 가야사다 존자는 거울을 가지고 놀러나갔다
가 승가난제 존자를 만나 제도를 받았고, 그 뒤에 교화하러 다니다가
대월지국에 이르렀습니다. 때 마침 그 나라의 한 바라문 집에 상서로운
기운이 감도는 것을 보고 존자는 그 집으로 들어가려고 하였습니다.

가야사다 존자의 성은 울두람(鬱頭藍), 마제국(摩提國) 출신이다. 아버지는 천개(天蓋), 어머
니는 방성(方聖).

바라문족은 인도의 범천을 모시고 재를 주관하는, 오늘날 신부님과
비슷한 여건을 가졌던 사제들입니다. 바라문족은 인도의 사성계급 가
운데 범천의 입을 통해서 태어난 분이라고 주장을 합니다. 이 바라문
족의 집안은 불교를 믿는 가문은 아니었지만 상서로운 기운이 감돌았
다는 것입니다.

상서로운 기운은 중생의 육안으로는 볼 수 없습니다. 우리가 염불을

할 때도 눈, 귀, 코, 혀, 몸의 다섯 기관에서 금빛이 발한다고 합니다. 수행을 많이 해서 몸속의 세포까지 정화를 시켜 세포가 맑은 기운으로 바뀌면 밝은 빛으로 드러나 자비의 빛이 드러나게 됩니다.

가야사다가 찾아간 집의 주인이었던 구마라다는 부처님의 제자들이란 소리를 듣고 자기가 믿는 신이 아니니까 문을 닫았던 것입니다. 바라문족인 구마라다는 범천을 모셨던 외도였기 때문입니다. 외도라는 용어는 불교에서 나온 말인데 불교의 입장에서 볼 때 범천이라는 신은 외도신입니다.

육안의 눈이 아닌 마음자리에서 보면 우주는 그대로 하나의 마음으로 되어있습니다. 그 마음을 인격적으로 부처님이라고 하는데, 만약 어떠한 대상을 두고 빈다면 근본 마음자리에서 보았을 때는 잘못된 것입니다. 불교에서는 마음 밖에서 무엇을 얻고자 대상을 향해서 비는 것을 모두 외도라고 합니다. 그러나 불교를 이해하지 못하는 바라문의 입장에서 보았을 때 불교를 사도라고 보았겠지요. 그래서 구마라다는 부처님의 제자라는 소리를 듣고 정신이 아찔해져서 즉시 문을 닫았던 것입니다.

잠시 뒤에 가야사다 존자가 몸소 그 문을 두드리니 구마라다가 말하였습니다.

"이 집에는 아무도 없습니다."

가야사다 존자가 물었습니다.

"그렇다면 아무도 없다고 대답한 사람은 누구요?"

구마라다는 이 말을 듣는 순간 범상치 않게 느껴서 곧바로 문을 열고서 존자를 맞아들였습니다. 구마라다가 전생의 잠재의식으로 인해 가야사다 존자를 받아들이고 문을 열었던 것입니다. 불자님들도 마찬가지로 처음 만나는 사람이지만 가깝게 와닿는 사람이 있을 것입니다. 바로 과거 생에 인연이 있었던 분들입니다. 이렇듯 인연이라는 것은 소중한 것이니, 더욱 소중하게 만들어가야 됩니다. 악연을 짓게 되면 언젠가는 반드시 악연으로 돌아오게 됩니다.

바라문족인 구마라다는 범천을 신봉하는 분이었지만, 가야사다 존자가 전생을 보니 전생에는 당신과 인연이 깊었던 사람입니다. 이미 석가모니 부처님께서 천년 후에 월지국에서 대보살이 출현할 것이라는 예언을 하신 것입니다. 이는 불교를 신앙한다면 불교와 계속 인연이 될 것이라고 생각하지만 그렇지 않을 수도 있다는 예이기도 합니다.

『직지』를 공부하는 입장에서 보면 생사가 없는 도리를 이론적으로 알고 있지만 현실에서는 분명 죽음에 대한 두려움이 있습니다. '하나'의 도리를 알지만 그 도리를 자재하게 쓰지 못하고 있다는 말입니다. 그 '하나'를 자유자재로 쓰지 못한다면 윤회에서 벗어날 수가 없습니다. 오온(五蘊: 생멸 변화하는 모든 것을 구성하는 다섯 요소. 곧 물질, 감각, 지각 또는 표상, 마음의 의지작용, 인식을 이른다)의 경계에 끄달려가지 않아야 윤회의 굴레에서 벗어날 수가 있습니다. 부처님 경지는 오온에 끄달가지 않을 때 성현의 경지라고 말을 하는 것입니다.

구마라다 역시, 숙명지를 통해 전생을 보니 가야사다 존자와 인연이 깊었다는 것을 알게 되었습니다. 닭이 알을 품고 병아리가 되어 나올 때 부리로 톡 쪼아주면 알이 깨지면서 병아리가 나오듯이 전생에 근기가 있던 분들도 큰 성현을 만나게 되면 도가 확 열린다는 말입니다. 누구든 꾸준히 정진하게 되면 선지식을 만났을 때 도가 열리게 됩니다. 전생에 스승과 제자라는 깊은 인연을 알았기 때문에 구마라다는 출가하여 구족계를 받았습니다. 가야사다 존자는 법을 부촉한 뒤에 게송으로 말씀하십니다.

숙명지는 과거 전생에 일어난 일을 모두 아는 초인적인 지혜. 여섯 가지 신통력(6신통) 가운데 하나이다. 자신과 타인의 과거세(過去世)의 수명이나 살아왔던 모습들이 어떠하였는지를 환히 아는 능력이다.

인연에 의하여 싹은 돋아날 수 있네

법을 펼 수 있는 능력과 땅도 있으니 중생을 제도할 수 있는 힘만 있게 되면 일체중생에게 깨달음을 일깨워줄 수 있다는 말입니다.

뭇 인연이 서로 장애 되지 않으리니
생겨날 때는 생겨나지만 생겨난 것 아니네

인연이라는 것은 털끝만큼도 속일 수가 없습니다. 내가 지은 것은 내가 받는 것입니다. 누구도 남의 업을 대신 받을 수가 없어요. 자식이 아무리 아파도 어머니가 대신 아플 수 없잖아요? 내가 행한 것은 반드시 나에게 돌아오게 됩니다.

현상계에서는 인연에 따라서 다른 모습으로 나타날 수가 있는데, 이 모든 게 마음의 작용입니다. 미국이라는 나라에 가보지 않았더라도 순간적인 마음으로는 미국을 생각할 수가 있습니다. 지금 마음은 보고 듣고 생각하지만 모양이 없는 것이니까, 오고 감이 없는 자리입니다. 그것이 우리가 찾아야 되는 진짜 모습입니다. 그 모양 없는 모습을 찾게 되면 걸림이 없고 집착할 것이 아무것도 없기 때문에 괴로움에서 벗어나 해탈하게 되는 것입니다.

가야사다 존자는 구마라다에게 법을 부촉한 뒤에 허공으로 솟아올라 화화삼매에 들어 스스로 몸을 태웠습니다. 인도의 조사스님들 중에서 화화삼매로 열반에 드신 분이 꽤 많습니다.

이때가 전한(前漢) 성제(成帝) 20년(BC 13)이라고 전함.[보림전4, 조당집2, 전등록2]

제19조. 구마라다 존자

제19조 구마라다(鳩摩羅多) 존자는 가야사다 존자를 만나 가르침을 받은 뒤에 중천축으로 갔다. 그 나라에는 사야다(闍夜多)라는 대사(大士)가 있었는데 그가 이렇게 물었다.

"우리 부모님은 일찍부터 삼보를 믿었지만 항상 병을 앓으셨고 뿐만 아니라 하는 일이 한 번도 뜻대로 된 적이 없었습니다. 그러나 우리 이웃은 오랫동안 전다라(旃多羅: 4성계급에 들지 않는 천민) 노릇만을 해왔건만 언제나 몸은 건강하였고 하는 일은 모두 잘 이루어졌습니다. 그 집에는 무슨 행운이 있었던 것이고, 우리에게는 또 무슨 죄가 있었던 것입니까?"

이에 구마라다 존자가 답하였다.

"그것을 어찌 의심하고 있소? 선악의 과보는 삼세를 통하여 나타나는 것이오. 보통 사람들은 항상 어진 사람이 요절하고 포악한 사람이 장수하며, 반역하는 사람이

길하고 의로운 사람이 흉한 것만을 보고서는 흔히들 인과도 없고 죄와 복도 없다고들 하오. 그러나 그것은 그림자와 메아리가 서로 따르되 추호도 어긋남이 없음을 전혀 알지 못하고 있기 때문인 것이오. 백천만 겁을 지나더라도 그것은 결코 마멸되지 않을 것이오."

사야다는 이 말을 듣고 나서 모든 의심이 풀려졌다. 이에 구마라다 존자가 사야다에게 말하였다.

"그대가 이미 세 가지 업을 믿고는 있었지만 아직도 업은 미혹[惑]에서 생기는 것이고, 업(惑)은 식별[識]로 말미암아 생기며, 식별은 불각(不覺)으로 말미암아 일어나는 것이며, 그러한 불각은 마음으로 말미암아 나타나는 것임을 밝게 알지 못하고 있소. 마음은 본래부터 청정하여 생하거나 멸하지도 않고 만들거나 짓는 일도 없으며 보응(報應)도 승부도 없어서 고요하고 신령스런 것이오. 그대가 만약 부처님의 법문으로 들어오면 여러 부처님들과 똑같이 모든 선악과 유위?무위가 모두 꿈이나 환상과 같은 것임을 알게 될 것이오."

사야다는 존자의 설법을 듣고 그 뜻을 깨달아 그 자리에서 숙혜(宿慧)를 일으켜 출가를 허락해 주실 것을 간절히 청하였다. 구마라다 존자는 그의 출가를 허락하고 구족계를 준 뒤에 법을 부촉한 뒤에 다음과 같이 게송으로 말하였다.

성품에는 본래부터 나는 것이 없지만
구하는 사람을 위하여 말하는 것이네.
법은 이미 얻을 것이 없는데
어찌 결정의 여부까지 걱정하는가.

"그대는 후학들에게 잘 전하라."

이 말을 마친 뒤에 적멸에 들었다.

第十九祖鳩摩羅多 遇舍多得法 後至中天竺 有大士名闍夜多 問曰我家父母 早信
三寶 而常縈疾 凡所營作 皆乖如意 而我鄰家 久爲旃多羅行 身常勇健 所作和合 彼
何幸而我何辜尊者曰何足疑乎 且善惡之報 有三世焉 凡人但見仁夭暴壽逆吉義凶
便謂亡因果虛罪福殊 不知影響相隨毫氂 不差 縱經百千萬劫 亦不磨滅夜多聞是語
已 頓釋其疑尊者曰汝雖已信三業 而未明業從惑生 業因識有 識依不覺 不覺依心 心
本清淨無生滅無造作無報應無勝負 寂寂然靈靈然 汝若入此法門 可與諸佛同矣一切
善惡有爲無爲 皆如夢幻 夜多承言領旨 卽發宿慧 勤求出家 旣授具戒 乃付法偈曰 性
上本無生 爲對求人說 於法旣無得 何懷決不決 汝宣傳後學 言訖入寂滅

❀ 해 설

　제19조 구마라다 존자는 가야사다 존자를 만나 법을 얻은 뒤에 중천
축으로 갔습니다. 그 나라에는 사야다라는 대사가 있었는데, 그가 구
마라다에게 물었습니다.

　구마라다 존자(?~22)는 월지국(月氏國) 출신으로, 처음에는 외도의 법을 믿었으나 가야사
다 존자의 교회를 받고 출가했다. AD 22년 자신의 얼굴을 손으로 갈라 두 쪽으로 만든 뒤 큰
광명을 발하면서 입적했다고 한다.[조당집2, 전등록2]

"우리 부모님은 일찍부터 삼보를 믿었지만 항상 병을 앓으셨고 그뿐만 아니라 하는 일이 모두 뜻대로 된 적이 없었습니다."

불자님들 중에서 나름대로 절에 열심히 다녔지만 집에 우환이 있고 하는 일마다 잘되지 않을 때 부처님을 원망하시는 분들이 간혹 있습니다. 어떤 대상, 즉 석가모니 부처님의 형상, 역사적으로 출현했던 부처님을 생각하며 불교를 믿는 분이 대다수이지만, 이것은 불교를 제대로 이해하지 못하는 신행입니다.

불교를 믿는다는 것은 부처님의 가르침, 바로 둘이 아닌 하나의 도리를 믿는 것입니다. 사야다라는 대사도 역시 구마라다에게 그런 부분에 의문을 품고 이렇게 질문하고 있습니다. "그러나 우리 이웃은 오랫동안 전다라 노릇만을 해왔건만 언제나 몸은 건강하였고 하는 일은 모두 잘 이루어졌습니다. 그 집은 무슨 행운이 있었던 것이고, 우리에게는 무슨 죄가 있었던 것입니까?"

전다라는 인도의 사성계급 가운데 아주 낮은 계급에 들지도 못하는 천민 계급입니다. 전다라족은 바라문족의 얼굴조차도 바라보지 못할 정도로 박해를 받은 불가촉 천민입니다. 그러나 전다라족은 건강하고 하는 일마다 잘되는데 바라문족인 자신은 삼보를 믿고 부모님도 삼보를 믿었지만 우환이 항상 떠나지 않는 의문에 대해 질문하고 있는 것입니다.

이에 구마라다 존자가 답하였습니다.

"선악의 과보는 삼세를 통하여 나타나는 것이오."

불자님들과 상담을 하게 되면 배신을 당했거나 사기를 당한 경우를 물어보게 되는데 과거의 일은 모르지만 분명 전생을 돌아보면 그렇게 될 수 밖에 없는 인연이 있음을 알게 됩니다. 인과부분은 금생만 보는 것이 아니고 삼세(과거, 현재, 미래)를 봐야 됩니다. 삼세를 보면 지금 복을 받고 있는 사람은 복을 받을 만한 행위를 했다는 이야기입니다. 지금 하는 행위를 보니 다음 생에 어떤 과보를 받을지도 알 수 있습니다. 그러나 현실에서는 인과가 엄연하지만, 본래 마음자리에서는 인과에 걸리지 않습니다. 불자님들께서는 이 도리를 아시면 됩니다.

다음은 이에 대해서 구마라다 존자가 설명하는 부분입니다.

"그러나 그것은 그림자와 메아리가 서로 다르되 추호도 어긋남이 없음을 모르고 있기 때문인 것이오. 백천만 겁을 지나더라도 인과의 법칙은 소멸되지 않을 것이오."

그림자와 메아리처럼 내가 행한 것은 반드시 돌아오게 됩니다. 업이라고 하면 나쁜 일을 행한 것만 생각하지만 누군가를 좋아하는 것도 다음 생에 큰 아픔으로 돌아옵니다. 좋든 나쁘든 생각생각이 바로 업이 됩니다. 내가 행한 일의 인과는 백천만 겁을 지나더라도 반드시 돌아오기 때문입니다.

몸으로 짓는 업[身業]·입으로 짓는 업[口業]·뜻으로 짓는 업[意業]이 있어 이것을 3업이라 하고, 몸으로 짓는 나쁜 업에 살생·도둑질·삿된 음욕의 세 가지, 입으로 짓는 나쁜 업에 욕·거짓말·꾸밈말·이간질하는 말의 네 가지, 뜻으로 짓는 나쁜 업에 탐욕·성냄·어리석음의 세 가지가 들어 있어 이것을 열 가지 악한 업(十惡業)이라 부른다.

사야다는 이 말을 듣고 나서 의심이 단번에 풀렸습니다.

구마라다 존자가 말하였습니다.

"그대가 이미 세 가지 업을 믿고는 있었지만 아직도 업은 미혹에서 생기는 것이고, 미혹은 식별로 인해 생기며, 식별은 불각으로 인해 일어나는 것이며, 그러한 불각은 마음을 따라 나타나는 것임을 밝게 알지 못하고 있소. 마음은 본래부터 청정하여 생멸하지 않고 만들거나 짓는 일도 없으며 보응도 승부도 없는 것이오."

구마라다 존자께서 말씀하신 인과의 가르침을 사야다는 의심 없이 바로 받아들였습니다. 미혹은 실상을 바로 보지 못하고 분별하는 마음에서 옵니다. 불각은 각의 반대말입니다. 둘이 아닌 하나의 도리를 깨달았을 때 깨닫는다고 말합니다. 부처님께서 깨달으신 진리는 우주의 근본실상, 둘이 아닌 하나의 도리를 깨달으신 것이고 우리는 깨닫지 못한 차이만 있을 뿐입니다. 깨달으면 부처이고 깨닫지 못하면 중생이라고 했습니다. 그러나 본래의 마음은 도둑이 됐든, 왕이 됐든, 부처님이 됐든 조금도 차이가 없고 변함이 없어요. 본래의 마음자리는 똑같은 자리이기 때문입니다.

"지극히 고요하고 지극히 밝은 것이오. 그대가 만약 부처님 법문으로 들어오면 여러 부처님들과 똑같아질 것이오. 모든 선악과 유위, 무위는 모두 꿈이나 환상과 같은 것이오."

하나의 마음자리는 조금의 동요도 없고 생멸도 없기에 고요하다고 말을 하는 것입니다. 나라는 생각, 있다 없다는 생각이 벽을 만들어 놓고 있습니다. 분별하는 마음만 없어진다면 누구나 마음자리가 태양보다도 더 밝아질 수가 있습니다. 본래마음에서는 걸릴 것이 없습니다. 그러니 진짜 부처님 안으로 들어오면 형상이나 보이지 않는 세계는 사실이 아님을 알게 됩니다.

사야다는 존자의 말을 이어받아 종지를 알고 그 자리에서 전생에 닦았던 지혜를 일으켜 출가할 것을 간절히 바랬습니다. 사야다는 본래의 실상을 알고 전생에 수행했던 자신을 본 후 출가를 청하게 됩니다.

존자는 그에게 구족계를 준 뒤에 법을 부촉하고 게송으로 말하였습니다.

> 성품에는 본래부터 나는 것이 없지만
> 구하는 사람을 상대하여 말하는 것이네
> 법은 이미 얻을 것이 없는데
> 어찌 해결하고 하지 못함을 생각하는가

'하나의 마음', 즉 일심이라고 하면 쉬울 텐데 불교가 어렵다고 하는 것은 진여, 진공, 법, 공 등 온갖 명사를 다 붙여놓았기 때문입니다. 수차 말씀드렸지만 진리의 실상에서는 말로나 언어로는 표현할 수 없습니다. 그것을 중생의 근기에 맞도록 부처님, 자비, 지장보살, 관세음보살 등 편리한대로 이름을 붙여놓은 것입니다. 그러니 형상에 속고 이름에 속지 마세요. 진짜 법 안으로 들어오려면 언어로 표현할 수 없는 그 자리로 들어가야 됩니다. 그 법 밖에서 행하는 행위는 모두 외도입니다.

본래자리의 성품은 우주의 근본실상을 말하는 것이고 어떤 표현도 할 수 없기 때문에 '본래부터 나는 것이 없다'고 하는 것입니다. '구하는 사람'이란 것도 구하는 사람이라고 이름만 붙여놓았을 뿐이라는 의미입니다. 진여자성의 입장에서는 본래 얻을 것이 없기에 구할 것도 증득할 것도 없다는 것입니다.

제20조. 사야다 존자

제20조 사야다(闍夜多) 존자는 바수반두(波須般頭) 존자가 언제나 하루에 한 끼만 먹고 눕지도 않으며, 하루에 여섯 차례 예불을 올리고, 청정하고 욕심이 없어서 대중의 존경을 한몸에 받고 있는 것을 보았다. 그는 바수반두를 제도하기 위하여 먼저 그의 대중에게 물었다.

'저 편행두타(徧行頭陀: 고행을 두루 닦는 수행자)가 범행(梵行)을 닦는다고는 하지만 불도를 얻을 수 있겠는가?'

그들이 반문하였다.

"우리 스승님께서 저토록 정진하시는데 어떻게 얻지 못하겠습니까?"

이에 사야다 존자가 말하였다.

"그대들의 스승은 도와는 거리가 먼 사람이다. 설사 진겁(塵劫: 무궁한 세월) 동안 고행한다 해도 모두가 허망의 근본일 뿐이다."

이에 대중이 물었다.

"그렇다면 존자는 도대체 어떤 덕행을 쌓으셨기에 우리 스승님을 그리도 비웃으십니까?"

사야다 존자가 말하였다.

"나는 도를 구하지 않으며 그렇다고 생각이 뒤바뀌지도 않았다. 나는 부처님을 예경하지 않으며 그렇다고 교만하지도 않다. 나는 오래도록 앉아서 잠도 안 자면서 좌선하지는 않지만 그렇다고 태만하지도 않다. 하루에 한 끼만 먹는 것도 아니지만 그렇다고 여러 번 먹지도 않는다. 나는 만족한 줄을 알지 못하나 그렇다고 탐욕스럽지도 않다. 마음에 바람이 없으니 이것이 바로 '도'라고 하는 것이다."

바수반두는 사야다 존자의 이 말을 듣고 무루(無漏: 번뇌가 없는 경지)의 지혜를 일으켰다. 그러자 존자는 그에게 법을 부촉한 뒤에 다음과 같이 게송으로 말하였다.

말을 마치자 무생(無生)의 이치와 합치되니
법계의 성품과 같은 것이네.
이와 같이 깨달을 수만 있으면
진리[理]와 현상[事]의 경지에 통달하리라.

존자는 게송을 말한 뒤에 자리에서 일어나지 않고 홀연히 열반에 들었다.

第二十祖 闍夜多 見波修般頭尊者 常一食不臥 六時禮佛 淸淨無欲 爲衆所歸 祖將
欲度之 先問徒衆曰 此徧行頭陀 能修梵行 可得佛道乎 彼衆曰 我師精進如是 何故
不可 祖曰汝師 與道遠矣 設若苦行 歷於塵劫 皆妄之本也 衆曰尊者蘊何德行 而譏我

師祖曰我不求道 亦不顚倒 我不禮佛亦不輕慢 我不長坐 亦不懈怠 我不一食 亦不雜

食 我不知足 亦不貪欲心無所希 名之曰道 波修聞已 發無漏智 付法偈曰 言下合無生

同於法界性 若能如是解 通達事理竟 祖說偈已 不起于座 奄然歸寂

🏵 해설

　사야다 존자의 가르침은 마음을 어디에 두고 수행해야 하는지를 잘
알려주는 선문답입니다. 구마라다 존자에게 법을 받은 사야다 존자가
바수반두라는 분을 만나게 되는데, 이 분께서는 장좌불와를 하며 하루
에 여섯 차례 예불을 올리고, 청정하고 욕심이 없어서 대중의 존경을
받는 분이었답니다. 장좌불와는 결코 쉬운 수행이 아닙니다. 이런 분
이 주위에 있다면 대중의 존경을 한몸에 받을 것입니다.

　사야다 존자는 북인도 출신이다. 후에 나열성(羅閱城)에서 바수반두를 만나 그에게 법을
부촉하고 입적함. 〈전등록〉에 의하면 후한(後漢) 명제 17년(74)에 입적하였다고 함.

　한결같이 용맹정진하는 바수반두를 보고 사야다 존자가 그를 따르
는 대중에게 물었습니다.

　"이 편행두타가 범행을 닦아서 불도를 얻을 수 있겠는가?"

　편행두타란 두루 고행을 닦는 수행자를 뜻합니다. 하루에 한 끼만 먹
고 눕지도 않는 고행과 청정한 두타행을 닦는 바수반두가 과연 도를
이룰 수 있겠는가 하고 대중에게 물었던 겁니다.

그러자 대중이 반문합니다.

"우리 스승님께서 저토록 정진하시는데 어찌 얻지 못하겠습니까?"

"그대들의 스승은 도와 거리가 먼 사람이다. 설사 진겁 동안 고행한다 해도 도와는 거리가 멀다"고 사야다 존자께서 말씀하십니다. 정확히 알고 수행을 해야 된다는 부분을 말씀해 주시는 것입니다. 고행을 하고 청정한 두타행을 한다고 해도 모두가 깨달을 수 있는 것은 아닙니다.

"그렇다면 존자는 도대체 어떤 덕행을 쌓으셨기에 우리 스승님을 비웃으십니까?"

바수반두의 제자들이 한 질문에 대해, 사야다 존자께서는 구체적으로 마음을 어디에 두고 수행을 해야 도를 이룰 수 있게 될 것인가를 설명합니다.

"마음에 바람이 없으니 이것이 바로 '도'라고 하는 것이다."

우주의 근본 실상은 모두 마음으로 되어있기에 그 자리에 마음을 두고 있다면, 있다고 해도 맞지 않고 없다고 해도 맞지 않는 것입니다. 이 자리는 어떤 표현을 해도 이미 그르치는 자리입니다. 사야다 존자는 늘 그 진여자리에 마음을 두고 있기 때문에, '나는 도를 구하지 않는다'고 표현하고 계십니다. 돈오돈수(단박 깨닫고 단박 닦음)의 자리에 마음을 두고 있으며, 중도실상에 마음을 두고 있다는 의미입니다. 이는 좋은 생각, 나쁜 생각, 도를 닦는다는 생각, 닦지 않는다는 생각이 모두 끊어진 자리에 마음을 두어야 된다는 말입니다.

무념의 경지에 들어가게 되면 마음에 바라거나 닦는다는 생각이 끊어지게 되는데, 이것이 바로 도라고 하는 것입니다. 생사가 없는 근본 실상인 '체'의 자리에 마음을 두고 정진하며 수행을 하는 것입니다. 문자와 언어로 표현할 수 없으니까, 의심이 생기게 되면 무념인 진여당체에 의심을 두고 화두로 이어지면 빠르고 효과적인 공부가 됩니다. 그러나 화두에 의심이 생기지 않는다면, 본래의 진여당체에 염불이나 주력을 하면 됩니다. 그렇게 정진을 할 때도 '도'와 하나가 되는 수행이 된다는 뜻입니다. 마음 밖에 따로이 대상을 두고 바라거나 구하는 수행을 하게 되면 무량한 세월동안 고행을 해도 깨달을 수가 없다는 말씀입니다.

바수반두는 사야다 존자의 말씀을 듣고 '새는 바가 없는' 무루의 지혜를 일으켰습니다. 근기가 수승한 분들은 성현들의 말씀을 듣게 되면, 그 자리에서 마음이 확 열리게 된다는 말입니다. '무루'라는 것은 새지 않는 근본 실상인 '체'의 자리를 체험했다는 말입니다.

진여자성과 하나가 된 바수반두에게 사야다 존자가 법을 부촉하신 다음 게송으로 말씀하십니다.

말을 마치자마자 무생의 이치와 합치되고
법계의 성품과 같아졌네

사야다 존자의 법문이 끝나자마자 바수반두 존자는 본래 '태어남이 없는' 체의 실상과 하나가 되었다는 말입니다.

이와 같이 깨달을 수만 있다면
이치와 현상의 경지를 통달하리라

우주의 근본실상과 둘이 아닌 하나의 이치와 눈에 보이는 현상, 즉 '체'와 '용'을 말합니다. '체'와 '용'은 둘인 것 같지만 하나이기에 이러한 도리를 통달한다는 설명입니다.

이(理)는 평등을 떠난 절대 무차별적인 진여, 사(事)는 상대적인 현상을 말한다.

육신뿐만 아니라 모든 물질은 모양이 없는 곳에서 나온 것이니 역시 모양이 아닙니다. 파동에 의해서 육안으로는 있는 것처럼 착각할 뿐입니다. 사실이 아닌 환상에 불과하니, 우린 평생 이름에 속고 형상에 속으며 살고 있습니다.

이것이 사실이 아닌 것을 알게 된다면 더이상 끄달려가지 않습니다. 모든 고통의 원인은 현상에 대한 집착으로 인해 생기므로 집착이 없는 성현들은 일체에 끄달림이 없어 늘 평안하다는 것입니다.

사야다 존자는 게송을 말한 뒤에 자리에서 일어나지 않고 홀연히 열반에 들었습니다. '본래 생사가 없는 진여의 경지에 들었다는 의미입니다.

제21조. 바수반두 존자

제21조 바수반두(波須般頭) 존자는 게송으로 말하였다.

　　거품과 마술[幻]이 둘 다 걸림 없는데

　　어찌 그것을 깨닫지 못하는가?

　　법은 바로 그 속에 있음을 통달하면

　　지금도 아니며 옛 일도 아니리라.

第二十一祖波須般頭尊者 偈曰泡幻同無碍 如何不了悟達法在其中 非今亦非古

❀ 해 설

제21조인 정진제일 바수반두 존자가 깨달은 가르침입니다.

바수반두는 바수반타(婆修槃陀), 바수반두(婆 籔 盤豆)라고도 함. 15세에 광도나한(光度羅
漢)에게 출가한 뒤 사야다 존자에게 사사하여 그의 의발을 물려받음. 〈전등록〉에 의하면 후
한(後漢) 상제(殤帝) 13년(AD 117)에 입적했다고 전함.

존자의 게송은 영가현각 선사가 지은 『증도가』의 법문과 같은 내용
의 설법을 하고 있어 참으로 흥미롭습니다.

거품과 환술이 모두 걸림 없는데
어찌 그것을 깨닫지 못하는가

거품과 환술은 이 모든 현상세계를 말합니다. 『금강경』에도 "모든
생멸하는 존재는 꿈과 환상과 물거품과 그림자, 이슬과 같으니 마땅히
이와 같이 관해야 한다"는 법문이 나옵니다. 성현들의 눈으로 보았을
때, 일체 현상세계는 거품과 환상, 꿈이라는 말입니다. 성인들은 현상
계의 허망한 본질을 알아서 집착하지 않게 되니, 괴로움과 고통에서
벗어나게 되는 것입니다.

바수빈두 존자가 '하나의 마음자리에서 보면 걸릴 것이 없는데,
중생은 왜 깨닫지 못하는가?' 하고 본래마음 차원에서 하시는 말씀
입니다.

법이 바로 그 속에 있음을 통달하면

지금도 아니며 옛 일도 아니니라.

물거품과 환상과 같은 허망한 현상 가운데 법이 그대로 있다는 말씀입니다. 법이라고 하면 보통 경전의 내용에 끄달려갈 수 있지만 문자와 언어로 표현할 수 없는 둘이 아닌 실상의 자리를 법이라고 합니다. 법은 눈으로 볼 수 없는 근본 마음자리입니다. 그러니 법 아닌 게 따로 없습니다.

영가 현각 선사의 『증도가』에도 이와 유사한 법문이 나옵니다.

"배울 것이 없고 할 일이 없는 한가한 도인은 망상을 없애지도 않고 참마음을 구하지도 않는다. 무명의 본성이 곧 불성이며 환화의 헛된 몸이 법신이로다."

번뇌와 무명이 불성이며 허망한 육신이 곧 법신이라는 법문입니다. 번뇌와 육신의 허망함을 요달한 도인들은 환상과도 같은 이 현상계가 본래자리에서 벌어진 것임을 알기에 있는 그대로의 현상을 불신(佛身)이자 법신으로 보는 것입니다. '법이 바로 현상 속에 있다'는 바수반두 존자의 법문과 한 치도 어긋남이 없는 가르침입니다.

본래의 마음자리는 억겁 전에도 이 마음이고 억겁 후에도 바로 이 마음입니다. 물질이 아니고 생사가 없으니 윤회도 없습니다. 항상 여여한 그 자리입니다. 그래서 지금도 아니고 옛 일도 아니라고 말씀하신 것입니다.

제22조. 마나라 존자

제22조 마나라(摩拏羅) 존자는 게송으로 말하였다.

마음이 만 가지 경계를 따라서 굴러가니

구르는 곳마다 진실이 그윽하도다.

흐름을 따라서 성품을 깨달으면

기쁨도 없고 근심도 없으리라

第二十二祖摩拏羅尊者 偈曰心隨萬境轉 轉處實能幽隨流認得性 無喜亦無憂

🕸 해 설

육적(六賊)이라는 말을 들어 보셨을 겁니다. '육적'이란 마음이 안이비설신의 여섯 가지 감각기관을 드나들며 색성향미촉법의 온갖 경계에 빠져 분별을 일으키는 것을 말합니다. 마음을 오염시키는 도둑놈이라고 해서 육적이라는 표현을 씁니다.

마나라 존자는 나제국(那提國) 출신으로, 30세에 바수반두 존자를 만나 출가하여 그 법을 잇고 서인도에서 교화를 했다. 후에 대월지국에 가서 학륵나에게 법을 전하고 입적함. 〈전등록〉에 의하면 후한(後漢) 환제(桓帝) 19년(AD 165)에 입적했다고 함.

마음이 만 가지 경계를 따라서 굴러가니
구르는 곳마다 참으로 심오하구나.

우리가 만약 보지 않는다고 업을 덜 지을 수가 있겠지요. 하지만 귀가 없고 눈이 없다면 답답해서 살기 힘들 것입니다. 그래서 수행을 통해서 봐도 본 것이 아니고 들어도 들은 것이 아닌 경지에 들어가려는 것입니다. 이렇게 된다면 아무리 많은 것을 보고 듣고 생각하고 감촉을 받아들여도 전혀 복잡할 것이 없습니다. 매 순간이 행복합니다. 깨닫기 전에는 온갖 대상을 향해 마음이 끌려가게 마련입니다. 그러나 깨닫게 되면 온갖 현상이 부처 아닌 게 없어서 늘 자유롭고 행복한 것입니다.

흐름을 따라서 성품을 깨달으면
기쁨도 없고 근심도 없으리라

흐름에 따라 하나의 도리를 알게 되면 무념(無念)의 경계로 들어간다는 말입니다. 좋다는 생각, 나쁘다는 생각이 끊어진다는 말입니다. 한생각으로 무념의 경지에 들어갔을 때 비로소 해탈을 이야기할 수 있습니다. 무념의 경지에 들어가야지 모든 현상계가 부처로 보이게 된다는 말입니다. 그래서 성철 스님께서도 "보이는 만물은 관음이요, 들리는 소리는 묘음이다"라고 표현하신 것입니다.

제23조. 학륵나 존자

　제23조 학륵나(鶴勒那) 존자는 마나라 존자를 만나 법을 전해들은 뒤에 교화를 떠나 중인도에 이르렀다. 그는 그 나라에서 사자(師子) 존자를 만났는데 사자 존자가 물었다.

　"제가 도를 구하려 하는데 어떻게 마음을 쓰면 되겠습니까?"

　학륵나 존자는 대답하였다.

　"그대가 도를 구하고자 한다면 굳이 마음을 쓸 필요가 없소."

　사자 존자가 다시 물었다.

　'마음을 쓰지 않는다면, 그 누가 불사를 하겠습니까?'

　학륵나 존자가 답하였다.

　"그대가 마음을 쓴다면 그것은 이미 공덕이 아니오. 그대가 마음을 쓰지 않는다면 그것이 바로 불사인 것이오. 그러므로 경전에서 '내가 공덕을 지었으나 그것은 나의 것이 아니다'라고 하는 것이오."

사자 존자는 이 말을 듣고 바로 부처님의 지혜를 깨달았다. 이에 학륵나 존자는 그에게 법을 부촉한 뒤에 다음과 같이 게송으로 말하였다.

　　　마음의 성품을 깨달았을 때는

　　　불가사의하다고 말할 수 있으나

　　　확연히 깨달아도 얻을 것이 없으니

　　　얻었을 때는 안다고 말하지 않네.

존자는 게송을 마친 뒤에 조용히 열반에 들었다.

　第二十三祖鶴勒那 遇摩拏羅尊者得法後 行化至中印度 見師子尊者 尊者而問曰 我欲求道 當何用心 祖曰汝欲求道 無所用心 曰旣無用心 誰作佛事 曰汝若有用 卽非 功德 汝若無用 卽是佛事經云 我所作功德而無我所故 師子聞是語已卽入佛慧 乃付 法偈云 認得心性時 可說不思議 了了無可得 得時不說知 說偈已而歸寂

　　　　　　　　🎴 해 설

　제23조 학륵나 존자도 중인도에서 사자 존자를 만났는데, 사자 존자가 질문을 했습니다.

　학륵나 존자는 월지국 출신으로, 바라문 가정에서 태어났다. 아버지는 천승(千勝), 어머니는 금광(金光)이라 하며, 7불에게 기도하여 수미 산정의 한 동자를 꿈에 잉태하였다고 한다. 22세에 출가하여 30세에 마나라에게 득법. 중인도에 와서 국왕의 귀의를 받고 무외해(無畏海)라고 불림.

"제가 도를 구하려 하는데 어떻게 마음을 쓰면 되겠습니까?"

'마음을 어디에 두고 수행을 해야 도를 깨달을 수 있겠습니까?' 하고 사자가 묻고 계십니다.

"그대가 도를 구하고자 한다면 굳이 마음을 쓸 일이 없소."

바로 '체' 차원에서 학륵나 존자가 대답을 하십니다. '마음을 쓸 일이 없다'는 것은 있다 없다 생각이 끊어진 무념에 마음을 두어야 한다는 뜻입니다.

"마음을 쓰지 않는다면 누가 불사를 하겠습니까?"

마음을 쓰지 않는다면 누가 깨닫고자 수행을 하겠습니까? 불사라는 말은 다양한 표현을 담고 있는데 부처님에 관하여 도를 깨닫고자 수행하는 것, 절을 짓는 일, 불공을 드리는 일등을 모두 불사라고 할 수가 있습니다.

"그대가 마음을 쓴다면 그것은 이미 공덕이 아니다. 그대가 마음을 쓰지 않는다면 그것이 바로 불사인 것이다. 그러므로 경전에서 내가 공덕을 지었으나 그것은 나의 것이 아니다."

이는 중도 차원에서 표현한 부분입니다. 도를 구한다는 생각을 일으켜도 이미 도하고 거리가 멀다는 말입니다. 마찬가지로 내가 공덕을 지었다고 생각을 일으킨다면 이미 공덕이 아니라는 말입니다. 공덕을 지었다는 생각을 일으켰다면 대상을 염두에 두고 있다는 말인데, 사실이 아닌 것을 진실인 줄 알고 행했다면 공덕이 아니고 내 것이 아닙니다.

마음을 어디에 두고 행하는가에 따라 참된 공덕과 그렇지 않은 것이 구별됩니다.

우주의 무한대를 향해서 행한 것은 무한의 공덕이 되는 것입니다. 나와 네가 끊어진 무한대를 향하여 마음을 쓴다면 무루복(無漏福)이 됩니다. 무루복의 경지에서 행해야만 부처로서 갖추게 되는 무한한 덕을 함께 갖추게 되는 겁니다.

사자 존자는 이 말을 듣고 부처님의 지혜를 깨달았습니다. 부처님의 지혜, 둘이 아닌 하나의 경지에 들어간 것을 말합니다.

이에 학륵나 존자는 법을 부촉한 뒤에 게송으로 말하였습니다.

마음의 성품을 깨달았을 때는
불가사의하다고 말할 수 있으나

저마다 가진 본래의 성품에 대해 불교용어를 '하나의 마음'이라고 했다면 쉽게 이해가 될 텐데 온갖 명사를 붙여놓아서 헷갈릴 수가 있습니다. 하지만, 말에 걸리지 않고 문자에 매이지 않고 법문을 보고 들으셔야 합니다.

'불가사의하다'는 말은 일체 현상계가 모양이 없는 마음에서 나온 것임에도 다양한 모습으로 나타나게 되니 불가사의하다고 말을 합니다.

너무나 분명하여 얻을 것이 없고

얻었을 때는 안다고 말하지 않네.

분명하다는 것은 모양이 없는 자리, 생사가 끊어진 자리를 말합니다. 온갖 다양한 현상으로 나타나지만 그것은 모양이 아닙니다. 성품을 깨달음에 얻을 것이 없다고 하는 것은 '체' 차원에서 말을 하는 부분입니다.

진리의 당체는 딱히 정해진 바가 없는 '무유정법(無有定法)'인 동시에 구하려고 하면 얻을 수 없는 '무소득법(無所得法)'임을 나타냅니다. 하지만 진리는 찾지 않고, 갈망하지 않고, 원하는 바가 없으면 언제 어디서나 함께 하는 것이기도 합니다. 그래서 바라제 존자는 "성품은 작용하는데 있다. 눈에 있으면 보고, 귀에 있으면 듣고, 코에 있으면 냄새를 맡으며, 혀에 있으면 말을 한다"고 설한 것입니다.

『금강경』에서는 실상(實相)은 무상(無相)이기에 '고정됨이 없는 법'이요. '얻을 바 없는 법'이라 했습니다. 우주와 내가 하나가 된 경지에서는 본래자리로 돌아간 것이기에, 없던 것을 얻었거나 새로이 안다고 말할 수 없다는 뜻입니다.

제24조. 사자 존자

제24조는 사자(師子) 존자이다. 계빈국의 국왕이 칼을 차고 존자에게 물었다.

"스님은 오온(五蘊)이 공하다는 이치를 깨달았습니까?"

사자 존자가 답하였다.

"그렇소."

국왕이 물었다.

"오온이 공함을 깨달았다면 생사를 여의셨습니까?"

"이미 여의었소."

국왕이 다시 물었다.

"그렇다면 스님의 머리를 저에게 주실 수 있겠습니까?"

그러자 사자 존자가 답하였다.

"몸도 내 것이 아닌데 하물며 머리가 내 것이겠소?"

이에 국왕이 곧 칼을 들어 존자의 머리를 베니 흰 젖이 한 길 높이로 솟아올랐고,
왕의 팔도 저절로 떨어지고 말았다.

第二十四祖師子尊者 因罽賓國王仗劒問曰 師得蘊空不 曰已得 曰旣得蘊空 離生
死不 曰已離 王曰乞師頭得不 曰身非我有 況乃頭耶 王便斬之 白乳高丈 王臂自落

✿ 해 설

제24조 사자 존자에게 계빈국의 왕이 칼을 차고 물었습니다.

사자 존자(?~259) 존자는 중인도 스님으로, 바라문 출신이다. 〈전등록〉에 의하면 위(魏) 제
왕(齊王) 20년에 입적했다고 함.

"스님은 오온(五蘊)이 공하다는 이치를 깨달았습니까?"

오온이란 불교에서 생멸·변화하는 모든 것을 구성하는 다섯 요소
를 말합니다. 다섯 요소 가운데 색(色)은 육체를, 수(受)는 의식의 감수
작용으로서의 감각을, 상(想)은 의식 중의 개념, 지각을 구성하는 작용
으로서의 표상을 뜻합니다. 또 행(行)은 능동적인 심리작용으로서의
의지나 행동적 욕구를, 식(識)은 대상을 분석 판단하고 종합 인식하는
마음의 활동을 가리킵니다.

여기서 수 이하의 4종은 마음에 관한 것으로서, 결국 오온은 색인 물
질과 의식의 작용을 말합니다. 물질과 마음이 공하다는 것은 물질과

의식이 마음으로 되어있다고 이해하시면 됩니다. 마음은 있지만 모양이 없으니 있다고도 할 수 없고, 없다고 단정 지을 수도 없습니다. 공하다고 하면 텅 비었다고 생각할 수 있지만 일체가 마음으로 되어 있기에 없는 것도 아닌 것입니다.

왕이 묻습니다.

"오온이 공함을 깨달았다면 생사를 여의셨습니까?"

"이미 여의었소"

일체가 하나의 마음으로 되어있으니까 생사가 없으며. 그래서 생사로부터 자유롭다고 대답을 하신 것입니다.

본문에는 들어있지 않지만 사자 존자의 깨달음의 노래는 다음과 같이 전하고 있습니다.

正說知見時 知見俱是心(정설지견시 지견구시심)

當心卽知見 知見卽于今(당심즉지견 지견즉우금)

지견을 말할 때에

깨달음과 살핌은 마음이요

이 마음이 바로 지견이니

깨달음은 현재에 있느니라.

국왕이 다시 사자 존자에게 묻습니다.

"그렇다면 스님의 머리를 저에게 주실 수 있겠습니까?"

"몸도 내 것이 아닌데 하물며 머리가 내 것이겠소?"

이에 국왕이 곧 칼로 존자의 머리를 베니 흰 젖이 한길 높이로 솟아올랐고, 왕의 팔도 저절로 떨어지고 말았습니다.

성현들은 무념의 경지에 들어서 '나'라는 상이 없기 때문에 머리를 베어도 피가 나오지 않고 물질의 본질인 흰색으로 돌아감을 암시합니다. 중생은 붉은 피인데, 보살에게서는 흰 피가 나온다는 것입니다. 『사제론』에 따르면, "보살은 중생을 위해 희생할 때 마치 어머니가 어린 자식을 사랑할 때 흰 젖이 나온 것처럼 자기 몸에서 피를 낼 때 흰 피가 나온다"고 합니다. 이런 마음은 성현들만 쓸 수 있는 것이 아니라 중생들도 수행을 거듭해 무념의 경지에 들어가서 나다, 너다 하는 생각이 끊어지면 가능한 것입니다.

성현의 몸에 피를 냈기 때문에, 그 과보로 왕의 팔도 저절로 떨어졌습니다. 중생의 입장에서는 반드시 인과가 따릅니다. 자업자득(自業自得)이요 자작자수(自作自受)인 것입니다.

그러나 근본 무념경지에 들어가 있을 때는 인과가 끊어집니다. 일생을 통해서 얼마나 무념의 경지에 머무르냐에 따라서 다음 생에 근기가 달라집니다. 그러니 안된다고 생각을 하지 마시고 반드시 정진을 하세요. 참선을 꼭 하시길 바랍니다.

제25조. 바사사다 존자

제25조 바사사다(婆舍斯多) 존자는 무아존(無我尊)이라는 외도와 토론할 때 59차례나 문답을 주고받았다. 결국 외도는 말이 막혀 존자에게 항복하고 말았다. 그때 바사사다 존자는 홀연히 북쪽을 향하여 합장을 하고 길게 탄식하면서 말하였다.

"나의 스승이신 사자 존자께서 오늘 불행한 일을 당하게 되셨으니 참으로 슬프도다."

그리고 곧바로 남천축으로 가서 깊은 산골짜기에 숨어버렸다. 한편 그 나라에는 태자가 한 사람 있었는데 불여밀다(不如蜜多)라고 이름하였다. 그 태자가 존자에게 출가시켜 주기를 간청하자 이에 바사사다 존자가 물었다.

"그대는 출가하여 무슨 일을 하려고 하오?"

태자는 답하였다.

"부처님 일을 하려 합니다."

이에 바사사다 존자가 말하였다.

"태자의 지혜는 하늘에 이르니, 반드시 여러 성인들께서 강림하신 자취일 것이오."

그리고 나서 곧바로 태자의 출가를 허락하였다. 태자가 6년 동안 바사사다 존자를 시봉한 뒤에, 왕궁에서 구족계를 받고 갈마를 할 때 대지가 진동하는 등 자못 신기한 일들이 많이 벌어졌다. 이에 바사사다 존자가 말하였다.

"그대는 정법안장을 잘 지켜서 많은 중생을 널리 이롭게 하라. 그리고 나의 게송을 들어보아라."

그리고 나서 이렇게 게송으로 말하였다.

성인께서 지견(知見)을 말씀하셨지만
경계에 당해서는 옳고 그름이 없네.
나 이제 참된 성품을 깨달았으니
도(道)도 없고 이치도 없구나.

바사사다 존자는 게송을 마친 뒤에 신비로운 변화를 나타내었다가 화화삼매로 스스로 몸을 태우고 열반에 들었다.

第二十五祖婆舍斯多 因與外道無我尊 論議往返五十九番 外道杜口信伏于時祖忽然面北 合掌長吁曰 我師師子尊者 今日遇難 斯可傷焉 卽達南天 隱于山谷 彼國有太子 名不如蜜多 遂求出家 祖問太子曰 汝欲出家當爲何事 曰當爲佛事 祖曰太子智慧天至必諸聖降迹 卽許出家 六年侍奉後於王宮 受具 羯摩之際 大地震動頗多靈異 祖命之曰 汝當善護正法眼藏 普利羣品 聽吾偈曰 聖人說知見 當境無是非 我今悟眞

性 無道亦無理 說偈已現神變 化火自焚入寂滅

🪷 해 설

　　제25조 바사사다(婆舍斯多) 존자는 무아존(無我尊)이라는 외도와 토론할 때 59차례나 문답을 주고받았고, 결국 외도는 말이 막혀 존자에게 항복하고 말았습니다.

　　바사사다 존자는 계빈국 출신으로, 바라문 계급이다. 아버지는 적행(寂行), 어머니는 상락(常樂). 〈전등록〉에 의하면 동진(東晉) 명제(明帝) 태령(太寧) 3년(325)에 입적했다고 함.

　　비사사다 존자는 사자 존자로부터 법을 받으신 분이십니다. 외도는 마음 밖에서 도를 구하는 수행을 말합니다. 관세음보살이나 지장보살이 어디에 있다고 찾는 것이 아니라, 내 마음속에 있다는 것을 알고 찾을 때 정도라고 하는 것입니다.

　　부처님 당시에도 외도가 많았습니다. 부처님께 외도들이 찾아와서 도전적으로 문답을 하셨던 일이 많이 있었습니다. 그러나 결국은 모두 부처님께 무릎을 꿇습니다. 왜냐하면 진리의 실상에서는 언어로 표현할 수 없기 때문입니다.

　　외도는 밖에서 진리를 찾던 분들이니까 '당신이 묻고 있는 본래자리는 무엇입니까?' 하고 묻게 되면 답을 하지 못합니다.

그때 바사사다 존자는 홀연히 북쪽을 향하여 합장을 하고 길게 탄식하면서 말하였습니다.

"나의 스승이신 사자 존자께서 오늘 불행한 일을 당하게 되셨으니 참으로 슬프도다."

불행한 일을 당하셨다는 말씀은 사자 존자가 왕으로부터 목숨을 잃게 되신 것을 말합니다. 멀리 있는 스승의 기운을 느끼고 슬프다고 하신 것입니다. 멀리 있는 일까지도 느낄 수가 있다면 선지식이라고 말할 수가 있어요. 하나의 경지에 들어가신 분들은 마음을 다 비추어 볼 수가 있습니다. 그러나 우리는 이분법적 사고를 가지고 나다, 너다 하는 벽을 만들어 놓았기 때문에 전혀 보고 듣고 느낄 수가 없습니다.

바사사다 존자는 곧바로 남천축으로 가서 산골짜기에 숨어 지냈습니다. 한편 그 나라의 불여밀다라는 태자가 출가하기를 원했습니다. 바사사다 존자가 승낙하며 이렇게 말합니다.

"태자의 지혜는 타고 났으니, 반드시 여러 성인들께서 강림하신 자취일 것이요."

바사사다 존자께 출가를 청했던 제자는 이미 과거 생에 여러 번 성인으로 출현했던 분이셨다는 말씀입니다.

바사사다 존자의 게송입니다.

성인께서 지견을 말씀하셨지만

경계에 당해서는 옳고 그름이 없네.

지견이란 실상을 제대로 보는 안목입니다. 진리를 제대로 아는 지혜
의 공능을 뜻합니다.

부처님의 지견은 좋거나 나쁜 온갖 경계를 당해서도 분별시비를 다
떠난 것임을 밝히고 있습니다.

나 이제 참된 성품을 깨달았으니

도(道)도 없고 이치도 없구나.

둘이 아닌 하나의 경지에 들어가면 그 자리는 도라고 표현해도 맞지
않고 어떤 표현을 해도 그르치는 자리임을 밝히고 있습니다. 참성품,
본래의 마음자리, 진여의 성품은 무념의 상태임을 말합니다. 참된 진
리는 얻을 바가 없는 것이기에, 도니 이치니 하는 개념도 붙일 수가 없
습니다.

바사사다 존자는 게송을 마친 뒤에 신비로운 변화를 나타내었다가
화화삼매에 들어 스스로 몸을 태우고 열반에 들었습니다.

제26조. 불여밀다 존자

　제26조 불여밀다(不如蜜多) 존자는 바사사다 존자로부터 구족계를 받고 가르침을 들은 뒤에 동인도로 떠났다. 그곳에서 존자는 국왕에게 이렇게 말하였다.

　"이 나라에 성인이 나와 나의 법을 이을 것이오."

　그때에 20살 먹은 바라문의 아들이 있었는데 어려서 부모님을 여의어 이름도 성도 몰랐다. 그는 자기를 '영락(纓珞) 동자'라 불렀다. 이 영락 동자는 이 마을 저 마을을 돌아다니면서 걸식을 하며 지내왔는데 마치 상불경보살(常不輕菩薩)과 같았다.

　사람들이 동자에게 "자네 성이 뭔가"라고 물으면, 영락 동자는 곧 "그대들과 같은 성이오"라고 대답하였는데 그렇게 대답하는 까닭을 아는 사람은 아무도 없었다.

　훗날 그 나라의 왕이 불여밀다 존자와 함께 수레를 타고 나오다가 영락 동자를 만났다. 동자는 허리 숙여 절을 하고 그 앞에 섰다. 불여밀다 존자가 영락 동자에게 물었다.

"그대는 지난 일을 기억하고 있는가?"

영락 동자가 답하였다.

"기억해보니, 저는 지난 겁에 스승님과 함께 살았습니다. 스승님께서는 '마하반야'를 연설하고 계셨고, 저는 매우 뜻이 깊은 수다라(경전)를 공부하고 있었습니다. 오늘의 이 만남도 지난 옛 인연과 일치하는 것이 아니겠습니까?"

이에 불여밀다 존자는 국왕에게 말하였다.

"이 동자는 다름 아닌 대세지보살(大勢至菩薩)입니다. 이 성인 이후에도 다시 성인 두 사람이 더 나오게 될 것인데, 그 중 한 사람은 남인도를 교화하시게 될 것이고, 다른 한 사람은 중국에 인연이 있어 머물다가 20년 이내에 다시 이곳으로 돌아올 것입니다."

그리고 존자는 옛 인연을 따라서 영락 동자를 반야다라(般若多羅)라고 부르고 법을 부촉한 뒤에 게송을 말하였다.

> 진실한 성품의 심지장(心地藏)은
> 머리도 없고 꼬리조차 없지만
> 인연에 따라서 중생을 교화하기에
> 그저 방편으로 지혜라 부르네.

불여밀다 존자는 반야다라에게 법을 부촉한 뒤에 "나는 이제 교화의 인연이 끝났다. 그러니 이제 적멸로 돌아가야만 하리라"라고 말하였다.

第二十六祖不如密多 旣受度得法 至東印度 謂王曰 此國當有聖人 而繼於我 是時

波羅門子年二十 幻失父母 不知名氏 或自言纓珞童子 遊行閭里 乞求度日 若常不輕

之類 人問汝何姓 乃曰與汝同姓 人莫知其故 後王與尊者 同車而出 見纓珞童子 稽首

於前 尊者曰汝憶往事 不 答曰我念遠劫中 與師同居 師演摩訶般若 我轉甚深修多羅

今日之事 盖契昔因 尊者又謂王曰 此童子非他

　　卽大勢至菩薩是也 此聖之後 復出二人一人化 南印度 一人緣在震旦 四五年內 却

返此方 遂以昔因 故般 若多羅 付法偈曰 眞性心地藏無 頭亦無尾 應緣而化物方 便

呼爲智 尊者付法己曰 吾化緣已終當 歸寂滅

🏵 해 설

　바사사다 존자로부터 법을 전해 받은 제26조 불여밀다 존자는 동인
도에 이르러 그곳에서 국왕에게 말하였습니다.

　불여밀다 존자는 남인도 출신이다. 외도를 신봉하고 있던 동인도의 견고왕(堅固王)과 문답
하여 그를 불교에 귀의케 하고, 그곳에서 600여 년 간 대중을 교화함. 〈전등록〉에 의하면 동진
(東晉) 효무제(孝武帝) 대명(大明) 원년(457)에 입적했다고 한다.

　"이 나라는 성인이 나와서 법을 이을 것이오."

　이때 20살 먹은 바라문의 아들이 있었는데, 어려서 부모님을 여의어
이름도 성도 몰랐습니다. 그는 자기를 '영락 동자'라 불렀는데, 그는
이 마을 저 마을 돌아다니면서 걸식을 하며 내왔지만 마치 상불경(常不
輕: 항상 상대를 존중하고 무시하지 않는다는 뜻)보살과 같았다고 합니다. 상

불경보살은 『법화경』에 등장하는 보살입니다. 이분은 만나는 사람들마다 "당신은 미래에 부처가 될 것입니다"라고 말씀을 하셨습니다. 그 뜻을 이해하지 못하는 분들은 도리어 욕을 하기도 했지만, 그 사람들에게도 부처가 될 것이라고 말씀을 하셨습니다. 이 상불경보살은 석가모니 부처님의 전생의 몸이었습니다.

영락 동자는 바라문의 아들이었지만 부모님이 돌아가신 후 여기저기 걸식을 다니며 사실은 보살행을 했던 것입니다. 영락 동자는 사람들이 "자네 성이 뭔가?" 라고 물으면, 곧 "당신과 같은 성이오"라고 대답하였는데, 사람들은 그렇게 대답하는 까닭을 아무도 알지 못하였습니다. "자네 성이 뭔가?" 하고 물었을 때 당신과 같은 성이라고 대답한 것은 본래 성품자리에 마음을 두고 답을 했음을 보여줍니다. 이미 영락 동자는 보살의 경지에 들어가셨던 분입니다. 당신과 똑같은 성품자리를 가지고 있음을 일깨워 주었지만, 사람들은 알아듣지를 못한 것입니다.

훗날 그 나라의 왕이 불여밀다 존자와 함께 수레를 타고 나오다가 영락 동자를 만났습니다. 동자가 그 앞에서 머리를 조아리자 불여밀다 존자가 물었습니다.

"그대는 지난 일을 기억하고 있는가?"

불여밀다 존자 역시 '하나'의 경지에 들어가 계셨던 분이기에, 영락 동자의 근기를 한눈에 알아보았던 것이죠. 그래서 영락 동자에게 과거 일을 기억하느냐고 물었던 것입니다.

영락 동자가 답하였습니다.

"저는 지난 겁에 스님과 함께 살았습니다. 스님께서는 '마하반야'를 설하고 계셨고, 저는 매우 뜻이 깊은 경전을 공부하고 있었습니다. 오늘의 이 만남도 지난 옛 인연과 일치하는 것이 아니겠습니까?"

'마하'는 크다 수승하다는 뜻입니다. 여러분, 지구상에 무엇이 가장 큰 존재일까요? 형상으로는 바다가 가장 크겠지요. 그런데 우리가 달을 볼 때, 달이 눈 안에 쏙 들어오잖아요? 우주 공간에서 보면 지구 역시도 눈 안에 들어올 것입니다. 그러니 크다는 것은 우리의 본래 마음을 이야기하는 것입니다. 우리 마음을 '마하'라고 하는 것은 우주가 하나의 마음이라는 뜻이고, 그것이 바로 반야라는 의미입니다. 마하나 반야는 표현만 다를 뿐이지 똑같은 뜻입니다. '마하'는 본래 마음을 말하는 것이고, '반야'는 우주를 하나의 마음으로 보는 것을 뜻하는 것입니다. 불교가 똑같은 자리를 놓고 다양한 표현을 해놓았기 때문에 어렵다고 말을 합니다. 그러나 하나의 도리만 안다면 절대 어려운 게 아닙니다. 어떤 표현이든지 하나의 마음자리를 표현한 것입니다.

영락 동자와 불여밀다 존자는 과거 생에도 수행을 함께 하셨던 분들입니다. 불여밀다 존자가 국왕에게 말하였습니다.

"이 동자는 다름 아닌 대세지보살입니다."

대세지보살은 아미타 삼존불 가운데 우보처입니다. 좌측에 계신 관세음보살님은 자비를 상징하고, 우측에 계신 대세지보살은 지혜(실천행)를 의미합니다.

"이 성인(영락 동자) 이후에도 다시 성인 두 분이 더 나오게 될 것인데, 그 중 한 사람은 남인도를 교화하시게 될 것이고, 다른 한 사람은 진단(震旦)에 인연이 있어 머물다가 20년 이내에 다시 이곳으로 돌아올 것입니다."

진단은 중국을 말하고, 중국에 머물다 돌아오는 분은 달마 스님을 가리킵니다. 영락 동자는 반야다라 존자로서, 훗날 달마 스님의 스승이 되는 분입니다. 불여밀다 존자는 옛 인연을 따라서 영락 동자는 반야다라라고 명하고 법을 부촉한 뒤에 게송을 말하였습니다.

진실한 성품의 심지장(心地藏)은
머리도 없고 꼬리도 없지만

'심지장'에서 장은 '감출 장' 자를 쓰는데, 본래자리에서는 부처 아닌 게 없다는 뜻입니다. 다만 번뇌에 의해서 가려져 있을 뿐이라는 의미를 담고 있습니다. 스님들께서 우주의 근본 실상인 하나의 마음자리를 말씀하실 때 심지법문이란 표현을 합니다.

심지(心地)는 마음을 땅에 비유한 말이다. 땅에서 만물이 생장하듯이 마음에서 일체의 현상이 생겨나므로 이렇게 비유하였다. 그런 심지의 창고(藏)가 심지장이다. 심지가 우주만법을 다 간직했다는 뜻.

본래 당당히 갖추고 있는 실상인 성품자리는 모양이 없는 자리이고 어떤 표현도 할 수 없어서 있다 없다, 좋다 나쁘다는 생각이 끊어진 무념의 경지입니다. 그래서 머리도 없고 꼬리도 없다는 말씀을 하시는 것입니다.

인연에 따라서 중생을 교화하기에

그저 방편으로 지혜라 부르네.

실상에서 입을 떼면 도가 아니지만, 중생을 제도하기 위해 부득이 방편으로 말도 해야 되고 지혜라고 부른다는 말입니다. 여기에서 말씀하시는 지혜는 하나의 마음자리를 전제로 법을 설하는 것이며, 이러한 설법을 할 때를 참된 법문이라고 합니다.

제27 · 28조. 반야다라 · 보리다라 존자

반야다라존자

보리다라존자

제27조 반야다라(般若多羅) 존자는 가르침을 받은 뒤에 교화하러 길을 떠났다가 남인도에 이르렀다. 그 나라에는 향지(香至)라는 왕이 있었는데, 이 왕이 반야다라 존자를 궁으로 초청하여 지극히 예를 갖추어 모시고 공양을 올린 뒤에 가치를 헤아릴 수 없는 값진 보배 구슬을 보시하였다.

왕에게는 왕자가 셋 있었는데 그 중 막내왕자는 보살이었다. 반야다라 존자는 왕자들의 지혜를 시험해보려고 왕이 보시한 보배구슬을 보이며 이렇게 물었다.

"이 보배 구슬은 흠잡을 데 없이 맑고 깨끗한데 이보다 더 나은 보배 구슬이 있겠소?"

존자의 이런 질문에 위의 두 왕자는 똑같이 이렇게 말하였다.

"그 보배 구슬은 칠보 중에서도 가장 귀한 것이어서 그것을 능가할 보배는 절대로 없습니다. 존자와 같이 도의 힘을 지닌 분이 아니시라면 누가 감히 이런 보배 구슬을 얻을 수 있겠습니까?"

그런데 셋째 왕자인 보리다라(菩提多羅)는 이렇게 말하였다.

"그 보배 구슬은 세속의 보석이기에 으뜸가는 것이라고 할 수는 없습니다. 모든 보석 중에서 가장 으뜸인 것은 법의 보석[法寶]입니다. 그 보배 구슬은 세속의 빛[光]이기에 으뜸이라고 할 수 없습니다. 모든 빛 중에서 지혜의 빛이 가장 으뜸입니다. 이 구슬의 광명은 제 힘으로 비추지 못하며, 지혜의 빛을 빌려야만 이것이라고 알아차릴 수 있는 것입니다. 이것이라고 알아차린 뒤에야 구슬인 줄 알 수 있고, 구슬인 줄 알고 난 뒤에야 그 구슬이 보배인 줄 알 수 있습니다. 그러한데 스님께도 그런 도가 있으셔서 보배 구슬이 저절로 드러났고, 중생에게도 그런 도가 있으므로 마음의 보배가 저절로 드러나게 될 것입니다."

반야다라 존자는 보리다라의 말솜씨에 깊이 감탄하였다. 존자는 그가 자신의 법을 계승할 사람임을 알았지만 아직은 때가 아니었기에 짐짓 가만히 두고 보기만 하였다. 그 후 향지왕이 세상을 떠나자 대중들이 모두 구슬프게 통곡을 하였는데 셋째 왕자만은 향지왕의 관 앞에서 선정에 들어 7일만에 깨어났다. 그리고서 출가시켜 줄 것을 청하니 반야다라 존자는 마침내 보리다라에게 구족계를 주었다. 그리고 나서 반야다라 존자는 보리다라에게 이렇게 일렀다.

"여래의 바른 법이 대대로 전해져 나에게 이르렀다. 내가 이제 그대에게 맡기노라. 나의 게송을 들어보아라."

마음의 땅에서 여러 씨앗이 자라나며
현상[事]을 말미암아 다시 이치[理]가 나는 것이다.

결과가 원만하면 보리도 원만한 것이니

꽃이 피면 세계도 일어나네.

존자는 보리다라에게 법을 부촉한 뒤에 곧 그 자리에서 양손을 펼쳐 각각 광명을 놓으니, 스물일곱 줄기의 오색 빛이 찬란하게 빛났다. 반야다라 존자는 허공으로 몸을 솟구쳐서 일곱 다라수(多羅樹) 높이로 솟았다가 화화삼매로 스스로 몸을 태웠다.

第二十七祖般若多羅 旣得法已 行化至南印度 彼王香至 請祖宮中 尊重供養 施無

價寶珠 王有三子 其季開士也 尊者欲試其所得 乃以所施珠問三王子曰 此珠圓明 有

能及此不二子皆曰 此珠七寶中 尊固無踰也 非尊者道力 孰能受之 第三子菩提多羅

曰 此是世寶 未足爲上 於諸寶中法寶爲上 此是世光 未足爲上 於諸光中 智光爲上

此是世明 未足爲上於諸明中 心明爲上 此珠光明 不能自照 要仮智光 乃辨於此 旣

辨此已卽知是珠 卽知是珠 卽明其寶 然則師有其道 其寶自現 衆生有道 心寶自現 尊

者歎其辯慧 尊者知是 法嗣以時未至 且默而混之 及香至王猒世衆皆號哭 唯第三子

於柩前入定 經七日而出 乃求出家 旣授具戒 尊者告曰 如來正法 轉轉乃至於我 我今

付汝 聽吾偈曰 心地生諸種 因事復生理 果滿菩提圓 花開世界起 尊者付法已 卽於座

上 舒左右手 各各放光明 二十七道五色光耀 踊身虛空 高七多羅樹 化火自焚

❀ 해 설

제27조 반야다라 존자는 법을 얻은 뒤에 교화를 다니다가 남인도에

이르렀습니다.

반야다라 존자는 중국 선종의 초조인 보리달마 대사의 스승이다. 동인도 출신. 〈전등록〉
에 의하면 유송(劉宋) 효무제(孝武帝) 대명(大明) 원년(AD 457)에 입적했다고 한다.

그 나라의 향지왕이 반야다라 존자를 궁으로 초청하여 지극히 예를
갖추어 모시고 공양을 올린 뒤에 값진 보배구슬을 보시하였습니다. 왕
에게는 왕자가 셋 있었는데, 그 중 막내 왕자는 보살이었습니다. 향지
국의 셋째 왕자는 중국 선종의 초조가 되는 달마 스님을 가리킵니다.
반야다라 존자는 그의 지혜를 시험해 보려고 왕이 준 보배구슬을 가지
고 세 왕자에게 물었습니다.

"이 보배구슬은 둥글고 깨끗한데, 이보다 더 나은 것이 있겠소?"

두 왕자가 모두 말하였습니다.

"이 구슬은 칠보 중에서도 가장 귀한 것이어서 그것을 능가할 보배
는 절대로 없습니다. 존자와 같은 도력을 지닌 분이 아니라면 누가 감
히 이런 보배구슬을 받을 수 있겠습니까?"

이 부분은 세속적인 사고와 출세간적인 사고를 묻는 것인데, 두 왕자
는 세간적인 생각을 가지고 대답을 하고 있습니다.

그러나, 셋째 왕자인 보리다라는 다르게 말합니다.

"이것은 세속의 보석이기에 으뜸가는 것이라고 할 수 없으니, 모든
보석 중에서 법의 보석이 가장 으뜸이기 때문입니다."

보리다라는 '법의 보석'이 으뜸이라고 하십니다. 세속을 떠난 출세
간의 입장에서 나온 표현입니다. 법의 보석은 우주를 하나로 볼 수 있

는 안목을 말합니다. 법의 보석은 누구나 가지고 있습니다. 귀한 보석을 가지고 있지만 우리는 깨닫지 못해서 쓰지 못할 뿐입니다.

"이것은 세속의 빛이기에 으뜸이라고 할 수 없으니, 모든 빛 중에서 지혜의 빛이 으뜸이기 때문입니다."

일반 보배구슬의 빛은 세속의 빛이어서, 으뜸이라고 할 수 없다는 말입니다. 지혜의 빛이란 우주를 하나로 보는 자리를 말합니다.

"이것은 세속의 밝음이기에 으뜸이라고 할 수 없으니, 모든 밝음 중에서도 마음의 밝음이 가장 으뜸이기 때문입니다."

마음의 밝음은 우주를 하나로 비추어 볼 수 있는 힘, 지혜를 말하는 것입니다. 우주를 하나로 보는 견해를 지혜 또는 반야라고 합니다.

"이 구슬의 광명은 제 힘으로 비추지 못하며, 지혜의 빛을 빌려야만 이것이라고 알아차릴 수 있는 것입니다."

셋째 왕자는 지혜의 뜻은 알고 있지만 아직 제힘으로 비추지 못하고 하나의 도리를 얻어야만 참지혜의 밝음이라는 것을 알 수 있다는 것입니다.

"이것이라고 알아차린 뒤에야 구슬인 줄 알 수 있고, 구슬인 줄 알고 난 뒤에야 그 구슬이 보배인 줄 알 수 있습니다."

하나로 쓸 수 있는 지혜라야 진짜 보배구슬이라는 것을 알 수 있다는 말입니다.

"그러한데 스님께서는 그런 도가 있으셔서 보배구슬이 저절로 드러났고, 중생에게도 그런 도가 있으므로 마음의 보배가 저절로 드러나게 될 것입니다.”

반야다라 존자는 이미 우주를 하나로 보는 능력을 자유자재로 쓸 수 있는 분입니다. 중생도 그런 능력을 누구나 가지고 있으니, 언젠가는 마음의 보배가 저절로 드러나게 될 것이라는 말입니다. 반야다라 존자와 보리다라의 대화에서 상당히 뜻 깊은 문답이 오고 갔던 것입니다.

그 후 향지왕이 세상을 떠나자 대중이 모두 구슬프게 통곡을 하였는데, 셋째 왕자만은 향지왕의 관 앞에서 선정에 들어 7일 만에 깨어났습니다. 과연, 여러 왕자 중에 누가 더 효자이겠습니까? 셋째 왕자는 7일 동안 향지왕의 정신세계를 이끌었던 것입니다. 두 왕자나 다른 분들은 겉모습만 보고 슬피 울었을 뿐입니다. 불자님들도 집안에 상을 당했을 때 염불을 하셔야 됩니다.

향지왕이 돌아가신 후 반야다라 존자는 보리다라에게 구족계를 주고 게송을 전하게 됩니다.

마음의 땅에서 여러 씨앗이 자라나며

‘마음의 땅’이라는 것은 ‘하나’의 진여자리를 말합니다. 하나의 마음자리에서 수없이 많은 도인들이 나온다는 말입니다. 반야다라 존자의 법이 보리다라를 통해 중국에 전해져 무수한 조사들이 출현하게 되는 것입니다.

현상[事]을 말미암아 다시 이치[理]가 자라나네

현상이란 눈앞에 펼쳐진 물질과 의식의 세계를 말합니다. 이치는 실상인 '체'를 가리킵니다. 그러나 체와 용은 둘이면서 하나입니다. '용'의 가지를 따라가 보면 하나의 뿌리에 해당하는 하나의 마음을 발견할 수 있습니다. 큰 느티나무의 가지를 따라가 보면 하나의 뿌리를 볼 수 있듯이, 우주도 마찬가지입니다. 물질로 나타난 모든 현상계도 근본을 따라가면 하나의 마음에서 나왔다는 것입니다.

'전체가 하나요, 하나가 전체'(一中一切多中一 一卽一切多卽一)라는 말을 들어보셨을 것입니다. 하나는 실상을 말하고 전체는 물질로 이루어진 현상을 말합니다. 현상과 본질은 결국 하나라는 뜻입니다. 그래서 관세음보살을 염하는 '그놈'도 하나에서 나온 것입니다. 일체를 하나로 보고 가는 것을 선이라고 합니다.

결과가 원만하면 보리도 원만한 것이니

하나의 도리를 알고 열심히 정진해서 진리와 하나가 되면 깨달음도 원만하다는 말입니다. 중생이 부처가 되면 과(果)를 원만히 이룬다고 해서 노사나라고 합니다. 노사나(盧舍那)는 결과가 원만하다는 '과만(果滿)'이라는 뜻을 가지고 있습니다. 조계종의 종지는 석가모니 부처님의 자각각타 각행원만(自覺覺他 覺行圓滿)한 깨달음을 근본 교리로 받들고 있습니다.

꽃이 피면 세계가 일어나네

꽃이 핀다는 것은 부처와 하나가 되면 세계가 하나가 된다는 말입니다.

만공 스님께서는 "세계는 한 송이 꽃, 너와 내가 둘이 아니요, 이 세상 모든 것이 한 송이 꽃"이라고 설하셨습니다. 숭산 스님도 세계가 하나의 꽃이라는 '세계일화(世界一花)' 라는 표현을 많이 쓰셨습니다.

세상은 한 송이 꽃이 아니라고 그릇되게 생각하기에 세상 사람들은 늘 시비하고 다투고 피 흘리며 빼앗고 죽이는 아수라장을 연출합니다. '세계일화' 의 참뜻을 펼치려면 지렁이 한 마리도 부처도 보고, 참새 한 마리도 부처로 보고, 심지어 미운 사람이나 원수마저도 부처로 보고, 다른 종교를 믿는 사람들도 부처로 봐야할 것입니다. 그렇게 될 때 사람들의 마음은 한 송이 꽃처럼 활짝 피어나고, 세상 모두가 편안해질 것입니다.

반야다라 존자는 제28조 보리다라에게 법을 부촉한 뒤에 곧 그 자리에서 양손을 펼쳐 각각 광명을 놓으니, 스물일곱 줄기의 오색 빛이 찬란하게 빛났습니다.

'양손에서 광명을 놓는다' 는 것은 인도와 중국에서 동시에 법을 펼친다는 뜻을 담고 있습니다. **'스물일곱 줄기의 오색 빛'** 은 부처님으로부터 법을 이어받으신 스물일곱 분의 조사스님을 상징한 것입니다.

반야다라 존자는 허공으로 몸이 솟아올라 일곱 다라수 높이로 솟았다가 화화삼매에 들어 스스로 몸을 태웠습니다. '다라수' 는 버드나무나 포플라나무처럼 굉장히 키가 큰 나무를 의미합니다. 인도의 조사스님들이 이와 같이 삼매에 들어 스스로 몸을 감춘 것은 중국의 조사스님들과 다른 특이한 점입니다.

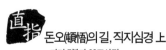

돈오(頓悟)의 길, 직지심경 上
- 과거 7불과 28조사편

1판 1쇄 펴낸 날 2014년 9월 1일

초록 백운경한 역해 덕산 발행인 김재경 교정·교열 이유경 편집디자인 최정근
마케팅 권태형 인쇄 대명인쇄

펴낸곳 도서출판 비움과소통 서울시 영등포구 영등포동7가 29-126 포레비떼 705호 전화 (02)2632-8739
팩스 0505-115-2068 이메일 buddhapia5@daum.net 트위터 @kjk5555 페이스북 ID 김성우
홈페이지 http://blog.daum.net/kudoyukjung 출판등록 2010년 6월 18일 제318-2010-000092호